LE POUVOIR DE L'OPTIMISME

CHRISTELLE CROSNIER

EDITIONS ideo

Couverture : Shutterstock/Studio City
ISBN : 978-2-8246-1244-7
Code Hachette : 27 9304 1
Collection dirigée par Christian English & Frédéric Thibaud
Catalogues et manuscrits : city-editions.com/IDEO

Dépôt légal : Août 2018

Sommaire

LA VIE EST BELLE !

Un jour je suis née.
Depuis, j'improvise.

HAREL

Life is just a cocktail party in the street.

MICK JAGGER,
DANS *SHATTERED* DES ROLLING STONES

Le bonheur est une petite chose
qu'on grignote,
assis par terre, au soleil.

JEAN GIRAUDOUX DANS *LA GUERRE*
DE TROIE N'AURA PAS LIEU

Merci…

Merci à tous ceux qui m'ont guidée, tous ces hommes et ces femmes qui m'ont fait du bien chacun à leur manière,

Avec leurs mots, leurs expériences, leurs échecs et leurs réussites.

Par-delà le monde et les océans qui nous séparent, j'ai entendu votre message ! Vos paroles ont trouvé en moi un écho profond et inaltérable. Je ne sais comment vous exprimer mon infinie gratitude. Vous m'avez ramenée à ce qu'il y a de plus précieux au monde : l'amour de la vie.

Merci sœur Emmanuelle, Gandhi, Nelson Mandela, Abraham Lincoln, Albert Einstein, Raphaëlle Giordano, Matthieu Ricard, Annaëlle Chimoni, Don Miguel Ruiz, Deepak Chopra, Eckhart Tolle, Rhonda Byrne, Marc Aurèle, Alexandre Jollien, François Garagnon, Arun Gandhi, Robin S. Sharma, Vadim Zeland, Olivier Masselot, Richard Branson, Elizabeth Gilbert, Tich Nhat Hanh, Martin Pistorius, Laurent Gounelle, Vikas Swarup, Zlatan Ibrahimović, Bono, Robert Fischer, Napoleon Hill, W. Clement Stone, Charles Aznavour, Brenda Barnaby, David Foenkinos, Philippe Labro, Gwendoline Hamon, Íngrid Betancourt, Cameron Diaz, Sandra Bark, Jack Canfield, Mark Victor Hansen, Jennifer Read Hawthorne, Marci Shimoff, Shirley MacLaine, Patricia Darré, Sonia Choquette, Grégoire Delacourt, Luc Bodin, Maria-Elisa Hurtado-Graciet, Jermaine Jackson, Michael Jackson, Hal Elrod, Mel Gill, Dallys-Tom Medali, Michel Odoul, Renaud, Nathalie Rykiel, Marlo Morgan, Bärbel Mohr, Joseph Murphy, Neale Donald Walsch, Wayne W. Dyer, Barbara Unell, Jerry Wyckoff, Philippe Asso, David Lagercrantz, Marlene Tuininga, Christopher Reeve, Robert T. Kiyosaki, Esther et Jerry Hicks.

À Mathilde,
pour cet appétit de vivre
que tu m'as transmis.

À Ange et Romeo.
Puissiez-vous être aussi légers
qu'une bulle de savon...

Préface

Christelle et moi, nous ne nous connaissons pas depuis si longtemps que ça... Et pourtant. Tout de suite, nous nous sommes « reconnues ». Reconnues comme étant du même bord ! Notre bord ? Celui des personnes qui croient résolument en la philosophie de l'optimisme, de la bienveillance et de la pensée positive. Et ce ne sont pas des « gros mots », mais de « grands mots », car ils contiennent à eux seuls la promesse d'une vie plus belle, capable de laisser toute sa place à la joie, à l'abondance et à la liberté.

Christelle, dans ce livre, s'est transformée pour vous : elle n'est plus simplement cette jeune femme dynamique et lumineuse que je connais, elle devient symboliquement votre bonne fée, qui vous prend par la main et vous invite à explorer un chemin de pensées, d'idées silex, qui viendront titiller votre conscience et votre imagination, et réveiller une irrépressible envie de vous inventer une vie à la hauteur de vos rêves !

Car c'est cela que Christelle arrive à répandre au fil des pages : de l'enthousiasme, de l'envie d'avoir envie, de l'énergie contagieuse !

Et comment ne pas être gagné(e) par cette folle envie de faire de sa vie une œuvre d'art quand tant d'exemples de personnages au destin unique viennent, au fil des pages, nous inspirer ? Depuis Matthieu Ricard jusqu'à Anthony Robbins, en passant par Christine Lewicki et Deepak Chopra, merci Christelle, de ce travail de fourmi, d'avoir rassemblé dans cet ouvrage autant de modèles inspirants !

Mais Christelle va encore plus loin en livrant aussi beaucoup d'elle-même, de son vécu, de ses expériences et, venant d'elle, ce n'est pas un simple partage, c'est une formidable volonté d'aider, de susciter les bons déclics. Elle sème également, comme autant de graines à métamorphose, toutes sortes d'exercices puissants pour accompagner la mise en pratique. Alors, si vous aviez encore quelques doutes, quelques freins pour changer la face de votre monde, Christelle finirait de les balayer avec ce livre riche et pétillant qui donne envie de danser avec la vie.

Chère Christelle, je te le dis, pour ce qui est de créer ton ministère de l'Optimisme, je signe tout de suite !

Raphaëlle Giordano, écrivain

- *Ta deuxième vie commence quand tu comprends que tu n'en as qu'une* (Éditions Eyrolles – septembre 2015)
- *Le Jour où les lions mangeront de la salade verte* (Éditions Eyrolles – juin 2017)

Introduction

Comment j'ai transformé ma vie

Je m'appelle Christelle et, il y a quelques mois, j'ai pris la décision d'aider un maximum de personnes autour de moi.

Comment ? En partageant les découvertes que j'ai faites ces dernières années, ces découvertes qui m'ont aidée à réaliser la plupart de mes rêves.

Car oui, j'ai la chance de vivre aujourd'hui la vie que je veux. J'y suis parvenue grâce à des prises de conscience, à des lectures, à des exercices. Ces outils m'ont permis de transformer mon existence en changeant tout simplement mes pensées et ma vision du monde.

Aujourd'hui, je souhaite partager ces méthodes avec le maximum de personnes. C'est l'objectif de ce livre, qui vous permettra de découvrir et de mettre en pratique les outils, très simples, qui m'ont si bien réussi. Car vous aussi pouvez vous créer l'existence que vous voulez. Une vie où règne la joie plutôt que la difficulté, l'abondance plutôt que la pénurie, la chance plutôt que les obstacles. Si cela a été possible pour moi, cela le sera aussi pour vous.

Mais avant que de vous transmettre ces outils, voici mon histoire…

Il y a 10 ans, si on m'avait dit combien ma vie allait se transformer de fond en comble, je n'y aurais pas cru. J'étais à l'époque directrice des magazines de TPS, la télévision par satellite, un ensemble de chaînes de télévision qui appartient aujourd'hui au groupe Canal +. Mon existence était agréable. J'avais un travail passionnant, je voyageais beaucoup, je rencontrais des stars, j'avais une famille épanouie, des amis influents… Bref, j'incarnais ce qu'on appelle communément la réussite.

Mais en apparence seulement… Car au fond de moi je n'étais pas heureuse. J'avais de plus en plus le sentiment de jouer un rôle qui ne me correspondait pas. Je faisais semblant, alors que j'aspirais à autre chose. Je sentais confusément qu'il fallait que je trouve une cohérence entre celle que j'étais profondément et le personnage social que je présentais aux autres.

La naissance de mon deuxième enfant me fit prendre conscience avec force que je n'étais pas à ma place. J'avais le sentiment diffus de vivre la vie de quelqu'un d'autre, une existence qui ne me correspondait pas, comme si j'avais enfilé le mauvais vêtement. Petit à petit, tout me semblait vain : les réunions interminables qui s'étiolaient chaque matin, ces moments où je devais me poser en « sachante » et donner mon opinion sur le travail des autres, mais aussi ceux où je sentais confusément le système nous pousser tous à la compétition quand ce n'était pas à l'ultra-formatage. Je n'avais pas envie d'acérer mes dents ni d'être obligée de lutter pour écraser ceux qui m'entouraient. La machine de guerre que j'avais dû être pour gravir les échelons dans un milieu très masculin et concurrentiel commençait à s'essouffler progressivement. C'est alors que j'ai commencé à comprendre qu'il me fallait changer si je voulais avoir une vie qui me corresponde davantage. Sans trop réfléchir, je profitai d'un plan de départ volontaire de Canal + pour quitter l'entreprise. Du jour au lendemain, fini la brillante vie sociale, les invitations aux avant-premières, les amis haut placés... Mon téléphone ne sonna plus. Je me retrouvai seule, et face à moi-même.

Je décidai alors de prendre du recul sur ce qui m'arrivait. Je réfléchis aux croyances qu'on m'avait inculquées, à la manière dont j'avais été programmée pour réussir et au rôle que je m'étais obligée à endosser. Au-delà de mon éducation, de mon travail, de ma personnalité sociale, qui étais-je vraiment ? Et surtout, que voulais-je faire de ma vie ?

Réussir dans la vie n'est pas forcément réussir sa vie... Comment alors réussir la mienne ? Ces questions me taraudaient, et c'est pour y répondre que je me mis en quête de personnalités inspirantes. Des personnages, célèbres ou non, qui pourraient répondre à cette question, m'expliquer ce qu'était à leurs yeux la définition du « succès » et me donner quelques clés pour réussir ma vie.

Libre de mes obligations professionnelles, j'avais du temps devant moi. Je me mis à lire les ouvrages des personnes dont la vie m'intéressait. Puis je pris mon courage à deux mains et je décidai de les contacter. Aller à leur rencontre a été un privilège. Ces auteurs que j'admirais m'ont ouvert les yeux. Ils m'ont fait prendre conscience que la réussite arrive lorsqu'on est aligné sur ce que l'on est profondément. Que nous sommes plus libres que ce que nous croyons. Que nous pouvons prendre le risque d'être vrais, sans craindre de nous faire marcher dessus par les autres. Qu'on doit savoir prendre des risques, même en période de crise, même avec le spectre du chômage ou de la solitude…

À la suite de ces entretiens, j'ai décidé de me forger à mon tour une vie qui me corresponde vraiment. L'existence est certes moins confortable lorsqu'on choisit de sortir des sentiers battus. Mais combien plus exaltante et épanouissante aussi… C'est une voie de responsabilité, qui oblige à se prendre par la main et à se dépasser. Ce chemin de liberté n'est pas facile. Il se conquiert de haute lutte. Mais celui que j'ai choisi, je ne l'ai jamais regretté.

Tout ne fut donc pas rose, et les sacrifices furent nombreux. En tant que free-lance, ayant refusé les promotions et la sécurité rassurante d'un contrat à durée indéterminée, je n'avais plus de sécurité matérielle. Je dus me résoudre à vendre ma maison, à ne plus partir en vacances, à calculer chacune de mes dépenses. Je traversai une période difficile, où je découvris aussi la jalousie que je suscitais. Beaucoup de personnes de mon entourage professionnel comme personnel, ne comprenant pas ma démarche, me prédirent le pire (au lieu peut-être de se demander si elles-mêmes étaient vraiment heureuses et à leur place dans leur existence)…

Un matin, alors que les difficultés m'assaillaient et que tout me semblait gris et sans espoir, je pris la décision de changer ma vision du monde. Je décidai de voir tout ce qui était positif dans mon existence. Je me mis à remercier pour tout ce que je vivais, pour les petits bonheurs du quotidien : un logement, une rencontre, un repas, mes amitiés, ma santé, mes enfants… Je fabriquai un carnet de gratitude sur lequel je consignai de manière systématique mes petits et grands bonheurs du jour. Et je pris la résolution de ne plus m'endormir sans avoir remercié pour toutes ces joies, souvent modestes, mais qui émaillent fréquemment notre quotidien et sans que l'on en soit vraiment conscients.

Cette gratitude a marqué le début de mon changement de vie.

J'ai commencé à me sentir mieux intérieurement. J'avais plus de vitalité, plus d'énergie, je me sentais plus confiante. J'ai ensuite cherché à mettre mon discours intérieur et mon comportement en adéquation avec ce que je voulais vivre. Cette cohérence m'a amenée à irradier une autre énergie qui a attiré des gens différents dans ma vie, plus positifs et plus bienveillants. Car la pensée positive fonctionne. Mais c'est une pensée rationnelle et non magique. Elle ne consiste pas à enjoliver béatement une situation délicate, mais à poser un regard dynamisant sur les ressources réelles qui dépendent de soi pour s'en sortir.

J'ai aussi utilisé des méthodes comme la visualisation créatrice. C'est ainsi que chaque jour, avec conviction, je m'imaginais être celle que je voulais vraiment être. Et j'étais tellement persuadée de ce que je visualisais que je rayonnais une énergie qui m'attirait de nouvelles opportunités. Je fabriquais aussi des tableaux créatifs, des *moodboards*, sur lesquels je faisais figurer les images de ce que je voulais vivre. Et comme cela fonctionne, je me suis mise à vivre beaucoup de situations que j'avais représentées : interviewer des personnalités connues et inspirantes, voyager dans des endroits paradisiaques, obtenir des missions de journaliste… Car tel est le pouvoir de l'intention et de la confiance.

En parallèle, j'ai commencé une thérapie, lu des dizaines de livres de développement personnel et essayé un certain nombre de méthodes (hypnose, sophrologie, EFT, coaching, etc.). L'attention aux synchronicités, ces rencontres en apparence fortuites, ces bonnes personnes que l'on croise au bon moment parce que l'on est profondément aligné sur son but, m'a aussi beaucoup aidée.

Bref, j'ai mis en pratique ce que j'apprenais.

Et surtout, j'ai pratiqué le lâcher-prise. Étant d'un naturel impatient, je n'avais pas l'habitude d'attendre. J'ai donc dû ouvrir les mains, accepter la patience et laisser faire la vie… L'apprentissage a été long mais fructueux. Car j'ai réussi à changer ma vie. Je ne suis plus aujourd'hui la même personne qu'il y a 10 ans. Grâce à ma reconstruction intérieure, grâce aux outils que j'expose dans ce livre, je rayonne désormais d'une autre énergie. Je rencontre les bonnes personnes au bon moment, j'attire les circonstances positives qui vont m'aider à réaliser mes projets et je réalise de plus en plus facilement mes objectifs.

Aujourd'hui, je souhaite partager avec vous les recettes qui ont été les artisans de ma transformation. C'est pourquoi ce livre se veut être une « trousse à outils », très simple à appliquer. Ces outils sont mentionnés par de nombreux auteurs, qui m'ont été d'une aide inestimable dans la démarche de transformation que j'ai entreprise. Et c'est à ce titre que vous trouverez dans chacun des chapitres de ce livre les citations que j'ai trouvé les plus inspirantes.

Aujourd'hui, je vais vraiment bien. Et si j'ai pu réussir à être heureuse et à transformer ma vie, c'est possible aussi pour vous ! Je peux vous affirmer que ce sera le cas si vous appliquez les clés de transformation que je vous propose.

Alors, prêt pour démarrer ensemble la métamorphose de votre existence ?

Au travail ! ☺

I

VOUS LE VALEZ BIEN !

Ça a l'air si simple à dire comme ça...

La publicité d'une célèbre marque de cosmétiques a imprimé tous les esprits : *Parce que je le vaux bien !...*

Pourtant intérieurement, bon nombre d'entre nous continuent à s'autoflageller : pas à la hauteur, pas assez intelligent, pas assez qualifié, pas assez doué, pas assez « comme il faut »...

Pour mettre fin à cet interminable cortège de doutes et de croyances négatives, je vous propose de découvrir celui – ou celle – que vous êtes vraiment... *Deviens qui tu es*, nous conseille Nietzsche. Facile à dire... La route jusqu'à nous-même sera longue, pavée d'écueils, d'illusions et de mirages... Pourtant, en lisant ces lignes, vous allez apprendre à déjouer ces pièges en mettant en place dans votre vie des stratagèmes très simples que j'ai moi-même appliqués et qui m'ont menée à la réalisation de mes rêves les plus fous.

N'oubliez pas : nous ne sommes pas parfaits, mais nous sommes des éditions limitées...

1

Nous sommes de drôles d'homo sapiens

Votre arbre et ses racines

Que nous le voulions ou non, nous portons avec nous, tel un fardeau ou un cadeau (souvent les deux), l'histoire de nos ancêtres. Il nous faut donc faire avec… Puis passer au-delà, en toute élégance – si possible –, pour trouver le chemin de notre singularité.

Comprendre et accepter notre histoire, c'est se comprendre nous-même, et donc se mettre sur les bons rails pour avancer dans la vie de manière sereine.

La question n'est pas d'ailleurs uniquement de faire la paix avec notre passé et nos origines, mais surtout d'enrichir notre présent d'un regard nouveau (qui ne soit pas parasité par les modèles « plaqués » et les traumas hérités de l'enfance) afin de nous sentir libre et confiant. Et ce, quelles que soient les charges que nous portons depuis notre enfance.

MON HISTOIRE

J'ai été conçue un 27 janvier. Mes parents voulaient un garçon... et je suis arrivée. Je suis créative, bienveillante, optimiste, à l'écoute. Mais aussi... orgueilleuse, impulsive, colérique et de temps en temps égoïste.
Parfois, j'imagine que j'ai eu un droit de regard sur mon choix de débarquer sur cette planète : me suis-je trouvée jolie là-haut lorsque j'ai choisi mon corps ? Aimais-je les cheveux blonds et les yeux bleus ? Pourquoi avoir décidé d'atterrir dans cette famille plutôt que dans une autre ?

MA PREMIÈRE PRESCRIPTION POUR NOUS RAPPELER QUE NOUS SOMMES EXCEPTIONNEL(LE)S : GARDER LE MEILLEUR, RÉINVENTER LE RESTE

Ma vie a commencé à changer lorsque j'ai lu un petit opus que m'avait conseillé l'une de mes amies : *Le Livre des coïncidences*. Ce n'était pas tant le contenu du livre, qui confortait étonnamment ce que j'étais en train de vivre, que la découverte de son auteur, le docteur Deepak Chopra (dont j'ai par la suite lu toute l'œuvre), qui m'a incitée à vouloir en savoir plus sur les clefs d'une vie réussie. J'avais le sentiment confus qu'il existait une sorte d'« intelligence de la vie » qui m'était jusqu'alors totalement inconnue et qu'il me fallait désormais apprendre pour pouvoir évoluer dans le bon sens. Vous trouverez tout au long du livre les différentes solutions que j'ai découvertes et utilisées durant mon parcours de vie.

Mais revenons au commencement… Nos origines.

Selon le docteur Deepak Chopra, qui dirige un centre de médecine indienne aux États-Unis ainsi qu'une fondation pour la paix, chaque famille représente « une communion d'âmes »… C'est aussi ce que confirme l'un de nos plus grands artistes, le peintre Marc Chagall : nous portons tous *le paysage de nos parents dans notre âme.*

Pour ceux qui ont la chance d'avoir une famille, n'en gardez que le meilleur. L'idée est de sélectionner attentivement ce que nous décidons de conserver de l'héritage familial, au niveau émotionnel comme au niveau des valeurs. N'oublions pas : nous aussi un jour nous léguerons à nos descendants nos racines… mais aussi nos ailes !

Inspirons-nous de ce qu'a fait l'actrice et metteur en scène française, Gwendoline Hamon, petite-fille du célèbre dramaturge Jean Anouilh. Dans son roman autobiographique, *Les dieux sont vaches*, elle raconte sa mère gravement malade, à la fois fascinante et extravagante. Cette mère tellement en marge qui devenait parfois cruelle, sa fille Gwendoline l'a aimée passionnément, faisant fi du côté fantasque qui l'a toujours empêchée de se sentir « normale » aux yeux des autres. La comédienne reconnaît même que sa mère lui a légué une richesse rare : la légèreté de l'humour. Comprendre sa famille… pour ne pas reproduire des schémas parfois négatifs…

Soyons conscients que rien n'est jamais joué d'avance : d'ailleurs, et si tout dans la vie était à réinventer ? Même nous ! Même notre prénom… Marlo Morgan, l'auteure américaine des best-sellers *Message des hommes vrais au monde mutant* et *Message en provenance de l'éternité*, explique ainsi que, pour les aborigènes, notre prénom de naissance n'est pas définitif puisque ce n'est pas nous qui en avons décidé : nous pouvons si nous le souhaitons nous en choisir un autre évoquant quelque chose d'important pour nous et nous correspondant mieux. Notre nouveau prénom pourra décrire celui ou celle que nous pensons être vraiment tout au fond de nous.

Quels que soit notre passé et nos origines, soyons convaincu que nous avons le pouvoir de redessiner les contours de notre existence.

Mon amie d'enfance, Mathilde, est née avec un chromosome en moins. Elle ne peut ni grandir ni avoir d'enfants. Pourtant, elle joue avec la vie et illumine celle de toutes les personnes qui l'approchent. Elle finit par adopter deux enfants magnifiques, dont une petite fille du bout du monde… Le jour de mon anniversaire, Mathilde me lit ce texte de l'écrivain allemand Johann Wolfgang von Goethe :

Dans la vie, les jeux sont donnés, mais avec un jeu donné, chacun peut faire une partie différente. Toutes sortes de choses se produisent qui viennent à l'aide de celui qui s'est mis sur sa voie, alors qu'elles ne se seraient jamais révélées autrement. Toute une série d'événements découlant de cette décision se mettent au service de l'individu, aplanissant les événements imprévus, favorisant des rencontres et l'assistance matérielle que l'on n'aurait jamais osé rêver d'obtenir. (Les Souffrances du jeune Werther)

Je vais vous expliquer comment j'ai procédé pour changer mon jeu de cartes…

Nous sommes bien plus qu'une carte de visite…

Un titre plein de promesses, un métier ébouriffant, des relations en or… Ou pas… Il est certes sécurisant de se camoufler sous ce costume lorsque nous nous présentons les uns aux autres. Mais nous sommes bien plus qu'un nom sur une carte de visite ! Pourquoi vouloir endosser un rôle et devenir ce que les autres attendent de nous ? Ce que je veux vous dire par là, c'est qu'il serait bon pour nous de décider de ne plus être dupe d'un certain jeu social et de conserver, vraiment, notre liberté intérieure. Commençons par désamorcer l'inquiétude des risques « sociaux » liés au fait d'être plus soi-même. Dans mon cas, cela ne m'a attiré que de nouvelles sympathies, et souvent des relations bien plus profondes qu'avant.

> IL M'ARRIVAIT DE NE PAS SAVOIR CE QUE JE RESSENTAIS. JE N'ÉTAIS NI DANS LE BONHEUR, NI DANS LE MALHEUR. J'AVAIS PEUR D'ÊTRE DEVENU INSENSIBLE, MAIS NON, C'ÉTAIT AUTRE CHOSE. C'ÉTAIT ÊTRE PASSAGER DE SES JOURS, ÉCRIT L'AUTEUR FRANÇAIS DAVID FOENKINOS[1].

On nous a appris depuis notre enfance la bienséance ; et ce masque social que nous nous imposons nous rassure sans doute. Le remettre en cause ainsi que toutes nos habitudes peuvent être source de conflit (nous pouvons effrayer ceux qui se cachent derrière leur propre masque) dans un premier temps, mais si nous arrivons à dépasser ce stade, nous serons

1. *Je vais mieux.*

sur le chemin du véritable bonheur. La prise de risque sera nécessaire pour nous en apercevoir.

EXPÉRIENCE

J'ai 24 ans…

Pour mon père, la réussite couronne systématiquement le travail. C'est ce qu'il m'a enseigné depuis que je suis toute petite. J'observe pourtant tout le contraire dans l'entreprise de chaînes de télévision où je travaille : j'y vois monter en grade des brasseurs de vent patentés tandis que ceux qui œuvrent consciencieusement et silencieusement ne récoltent souvent pas même un simple compliment.
Alors, où est la véritable réussite ? Ce mot n'aurait-il pas le même sens pour tout le monde ?

Derrière des profils Facebook, Instagram ou Twitter rutilants se cachent parfois des êtres humains sans repères, enfouissant leur tristesse au fond de leur cœur une fois la porte de chez eux bien fermée. Ils se composent un personnage, mais s'éloignent d'eux-mêmes et finissent par ne plus arriver à se retrouver. Leur sort est-il vraiment enviable ? Nous en croisons certainement sans le savoir…

La chef Luana Belmondo, belle-fille du célèbre acteur Jean-Paul Belmondo, me confiait dernièrement :

— Avant, à l'extérieur, je souriais tout le temps ; on me disait : « Tu es toujours si lumineuse, si joyeuse. » Mais à l'intérieur de moi il n'y avait que de la tristesse. Ce sont des tabous, on a du mal à s'avouer à soi-même comme aux autres que nous avons un problème. Nous voulons montrer une façade lisse, donner l'impression que tout va pour le mieux, et ce, tout particulièrement dans le milieu dans lequel j'évolue. Pourtant, j'ai eu une mère qui ne m'a jamais mise en confiance ni valorisée. Je me suis construite en pensant que j'étais un vilain petit canard, que je n'avais pas de cerveau, que tout était négatif chez moi. J'ai grandi sans cette colonne vertébrale si importante pour les enfants. Et je me suis enfermée dans ma coquille… Jusqu'à ce que je décide de m'ouvrir aux autres. Je n'étais plus seulement Luana de la famille de *La Petite Maison dans la prairie*, mais aussi Luana qui se trimballait des bagages. Des problèmes, nous en avons tous des milliers, mais j'ai appris qu'en étant vrai, on peut tout surmonter.

Pour notre sérénité intérieure, apprenons à faire les choses différemment, même si cela nous semble audacieux, ne nous barricadons pas derrière un masque social, mais soyons plus que les apparences. Prenons le temps de réfléchir sur nous-même et redécouvrons notre véritable nature enfouie sous les principes de notre éducation et sous nos jugements-réflexes. Nous sommes uniques, prenons-en conscience ! Respirons. Pour être réellement heureux, il nous faudra être vrai avec les autres… Comme avec nous-même.

MON ANTIDOTE :
NE PAS SE LAISSER ENFERMER DANS UNE CASE

Quand un enfant naît, il est libre de tout conditionnement, rappelle la sage indienne Mata Amritanandamayi, dite

Amma[1]. C'est l'entourage qui va façonner cet enfant avec sa culture, son éducation, sa langue, sa confession religieuse, son alimentation...

Sortons du cadre ! Qui a décidé que nous devions rester dans une case sans bouger ? Pourquoi nous emmurer dans des schémas ou des jugements préconçus ? Il nous faut apprendre à nous défaire de tous ces différents conditionnements que nous subissons depuis l'enfance. Pourquoi nous laisser enfermer dans la case de notre métier, notre statut social, notre qualité de parent ou d'ami ? Pour nous donner l'impression d'être devenu quelqu'un aux yeux des autres ?

Prenons le temps de nous poser pour réfléchir à notre véritable identité : qui sommes-nous vraiment, loin de tous les conditionnements ?

À 12 ans, le Sud-Africain Martin Pistorius tombe gravement malade. Les médecins croient son cerveau totalement détruit. Frappé du « syndrome d'enfermement », il va rester prisonnier de son corps pendant 12 interminables années. Et cette période sera pour lui une occasion unique d'apprendre ce qu'est la nature humaine…

Cela faisait longtemps que j'avais été mis dans une case. C'est notre lot à tous, témoigne le web-designer[2]. *Ces cases permettent de mieux nous appréhender, mais elles nous emprisonnent également, car personne ne cherche à voir au-delà. Nous avons tous des idées préconçues les uns sur les autres, même si la vérité peut s'avérer bien différente de ce que nous pensons voir.*

---

1. *Tout est en vous – Paroles d'Amma.*
2. *Quand j'étais invisible.*

À l'école, puis au travail, on nous apprend à vivre selon le point de vue des autres, selon leurs propres conditionnements… Et bien souvent, nous-même ne savons plus faire autrement. Nous avons peur d'être rejeté ou de n'être « pas assez bien » aux yeux de ceux qui nous entourent. Pour endiguer ce flot de faux jugements, il nous faut aller chercher la vérité de notre être et la trouver tout au fond de nous-même.

J'aime bien ce verbe : « résister ». Résister à ce qui nous emprisonne, aux préjugés, aux jugements hâtifs, à l'envie de juger, à tout ce qui est mauvais en nous et ne demande qu'à s'exprimer, à l'envie d'abandonner, au besoin de se faire plaindre, au besoin de parler de soi au détriment de l'autre. Résister et... sourire, rappelle l'auteur à succès Marc Lévy[1].

Inconsciemment, ou par peur d'être rejeté, nous allons nous conformer à ce que les autres attendent de nous. C'est ainsi que, inquiet de leur jugement, notre vie se remplira de contraintes et que nous perdrons peu à peu notre liberté. Je l'ai moi-même expérimenté : j'étais des plus malheureuses dans cette entreprise de télévision où j'occupais un poste de direction qui m'offrait pourtant de multiples avantages. Je n'ai réussi à me sortir de tout cela qu'en comprenant qu'il me fallait être parfaitement alignée sur mon être intérieur pour pouvoir prétendre me sentir bien dans ma vie. Cette prise de conscience n'a pas été simple. Récuser le « formatage » imposé par certaines chaînes de télévision m'a valu bien des désagréments ponctuels. Ainsi, par exemple, j'ai refusé de caler et mener des interviews qui auraient pu me rapporter beaucoup sur le plan financier, mais qui, selon moi, auraient été tout à fait dévalorisantes pour les personnes que j'aurais

1. *Les Enfants de la liberté.*

mises ainsi en lumière. J'ai chaque fois préféré exercer une forme de journalisme qui prône les solutions plutôt que la critique… Et sur le moment, j'ai dû faire face à une attitude tout à fait défavorable à mon égard de la part de mes supérieurs hiérarchiques. Mais aujourd'hui, je sais que non seulement je peux me regarder en face dans la glace, mais que la vie m'a confortée dans cette attitude. À mon grand étonnement, ces choix en accord avec mes valeurs de bienveillance et de respect des autres ont mis sur ma route des « cadeaux » : des rencontres inespérées ou des contrats qui tombent du ciel en passant par des coïncidences hors normes dans mon quotidien. Je vous expliquerai dans les chapitres qui suivent comment l'Univers peut répondre concrètement à nos actions et nous aider à réaliser peu à peu nos rêves.

La première solution pour éviter cette situation finalement épuisante de conditionnement social consiste à cesser de généraliser sur tout et n'importe quoi dans notre vie, pour nous concentrer sur les particularités de chacun, y compris les nôtres…

EN EFFET, EN SOCIÉTÉ, NOUS AVONS SOUVENT TENDANCE À PLAQUER UNE ÉTIQUETTE SUR LES AUTRES : ILS SONT SCIENTIFIQUES, LITTÉRAIRES, BOURGEOIS, IMMIGRÉS, PAYSANS, FONCTIONNAIRES, RICHES, PAUVRES… NOUS PENSONS QU'ILS DOIVENT SE COMPORTER DE TELLE OU TELLE MANIÈRE EN FONCTION DE LA CASE DANS LAQUELLE NOUS LES AVONS RANGÉS. IL SERAIT PEUT-ÊTRE TEMPS DE RÉALISER COMBIEN NOS CROYANCES EN LA MATIÈRE SONT ERRONÉES :

CAR AINSI NOUS FORÇONS LES AUTRES À DEVENIR CE QUE NOUS ESTIMONS QU'ILS DOIVENT ÊTRE... SI NOUS TRAITONS QUELQU'UN DE « RÂLEUR », PAR EXEMPLE, IL FINIRA LA PLUPART DU TEMPS PAR SE SENTIR ENFERMÉ DANS CETTE CASE ET SERA DE PLUS EN PLUS VINDICATIF POUR HONORER L'IMAGE QUE NOUS AVONS DE LUI.

Le physicien quantique Vadim Zeland met en lumière dans *Transurfing* la nécessité de s'extraire de ce qu'il appelle un système de balanciers, qui sont des pensées communes à des groupes de personnes soumettant les autres à leurs propres règles. Rien ne nous empêche de sortir du rang pour suivre notre chemin, celui qui convient à la personne que nous sommes réellement. Ce que les autres pensent de nous peut chaque instant être remis en question. **NOUS POUVONS TOUT CHANGER !** Selon Vadim Zeland, chacun serait capable de créer sa propre réalité... Notre vie quotidienne ne serait que le reflet, comme dans un miroir, de nos pensées. Nous pourrions ainsi choisir celui que nous sommes vraiment au fond de nous.

Retrouver celui ou celle que nous sommes vraiment, c'est redonner du sens à notre vie. La religieuse franco-belge, sœur Emmanuelle, rappelle dans son ouvrage-testament spirituel *J'ai cent ans et je voudrais vous dire* combien il nous faut prendre conscience de ce besoin fondamental : donner un sens à notre existence. Pour cela, elle explique qu'il nous faut commencer à déchiffrer la musique qui est en nous en consentant à ne plus tricher avec nous-même.

Pour nous sentir libre et aussi léger qu'une plume, décollons une à une les étiquettes qu'on a posées sur nous. Pour être apprécié, rien de plus simple : cessons d'agir comme si nous étions quelqu'un d'autre, restons nous-même ! Et soyons profondément fier de ce que nous sommes…

Apprenons à vivre sans nous laisser endoctriner et à remettre en question jusqu'à nos propres croyances. Souvenons-nous que nous avons toujours le pouvoir de dire oui ou non à tout ce qui nous arrive. Nous sommes libre !

Je vais te dire quelque chose. Comme un secret que tu garderas toujours avec toi. Andy, ne laisse jamais personne te dire ce dont tu n'es pas capable. C'est à toi de choisir et de vivre ta vie.

Laurent Gounelle
(*L'Homme qui voulait être heureux*)

Mon conseil d'amie, vérifié par des années d'expérience de vie : décidez dès maintenant de cesser de vous laisser influencer par les jugements des autres en reprenant peu à peu confiance en votre véritable personnalité et en votre propre faculté de discernement. Félicitez-vous, complimentez-vous, fêtez vos petites victoires du quotidien et répétez-vous un mantra positif en vous regardant dans le miroir. Et aussi : gardez le silence sur vos projets en présence de personnes qui seraient susceptibles de vous en dissuader. Ne leur donnez pas de prise pour vous critiquer ; le fait que vous avanciez et que vous « y arriviez » peut être particulièrement déstabilisant pour ceux qui s'accrochent à leur fauteuil depuis des années en échafaudant théories et argumentaires pour éviter de passer à l'action… Vous voir mettre à mal leurs dogmes les renvoie à leur propre immobilité. Éloignez-vous d'eux. Nous avons un premier combat à mener contre nos propres démons intérieurs, c'est amplement suffisant. Ayons de l'estime pour nous-même en toutes circonstances, et l'opinion des autres nous passera au-dessus de la tête.

Lorsque la productrice et auteure australienne Rhonda Byrne se met dans la tête de réaliser son film *Le Secret*, c'est un projet tellement important pour elle que, dans un premier temps, elle décide de n'en informer personne. Pendant plusieurs mois, elle fait confidentiellement de multiples recherches pour devenir incollable sur le sujet dont elle veut faire son film. Jusqu'à ce qu'elle se sente suffisamment armée contre les esprits critiques qui pourraient prétendre que le projet est irréalisable. C'est de cette manière qu'elle a su se protéger de ceux qui auraient pu lui faire renoncer à son rêve. À l'époque, personne ne croyait en son programme, mais aujourd'hui elle figure grâce à lui parmi les 100 personnes les plus influentes du monde selon le magazine *Time*.

Elle rapporte les propos du champion de surf Laird Hamilton : *Je me suis beaucoup servi de mes opposants comme d'un carburant. J'interprétais leur « Tu ne peux pas faire ça ! » par « Oh oui, tu peux le faire*[1] *! »*

Souvenons-nous : nous sommes notre meilleur ami. La seule personne qui doit pouvoir nous influencer – positivement –, c'est nous-même !

1. *Héros.*

EXPÉRIENCE

J'ai 35 ans…

La petite fille modèle s'est métamorphosée ; je n'ai plus besoin de rester celle qui dit oui ! Je décide de créer mon propre espace de liberté en choisissant de redevenir journaliste. Je me sens journaliste parce que je m'intéresse aux autres, viscéralement, tout au fond de moi. Parce que je me sens vivre quand je les rencontre en profondeur. N'en déplaise aux esprits critiques, je ne veux plus jamais avoir l'impression de ne pas être en accord avec moi-même.

Pourtant, je me retrouve empêtrée dans la jalousie de certaines personnes qui semblent ne pas supporter de me voir sortir de ma case pour prendre mon envol. Cela m'attriste beaucoup, mais je décide de ne pas plier devant leurs remarques et plutôt d'apprendre à réagir intelligemment (si possible) aux critiques en tous genres (« Attention, tu vas te planter », « À ta place, je serais plus prudent », « Tu as des enfants, tu mets en péril leur sécurité », « Pourquoi veux-tu faire la chroniqueuse ? C'est en dessous de tes capacités », « Je ne te reconnais pas, tu n'es plus toi-même », « Tu es égoïste », « Tu veux faire ton intéressante », « Tu es trop vieille pour faire de l'antenne »). Contre ces saboteurs de rêves, je mets donc en place une stratégie de réponses positives :

- aux critiques floues, je demande : « Qu'est-ce qui te fait dire ça ? »
- aux critiques non justifiées, je m'oppose doucement : « Non je ne suis pas d'accord, mais tu peux tout à fait penser ça. C'est amusant comme on peut

se voir autrement. Réalises-tu comme nous pensons tous différemment ?... »

- aux critiques justifiées, je lance : « Merci de me le dire, ça me permettra d'y penser et d'évoluer... »

Je ne suis pas en guerre. Je tente simplement de trouver la bonne réplique au bon moment et de réagir par l'humour, la dérision et le détachement. Je l'avoue, ce challenge n'a pas toujours été simple...

Ne nous laissons pas atteindre par ceux qui voudraient décider de notre vie à notre place : ils n'ont pas envie de nous voir avancer trop vite ou trop loin, car, au fond d'eux-mêmes, la plupart ne se trouvent pas à la hauteur ; il est donc hors de question que quelqu'un d'autre puisse l'être !

Ainsi, implicitement, un certain nombre d'entre eux nous « forcent » à nous cacher pour ne pas les heurter ni les rendre jaloux. La célèbre présentatrice de télévision et productrice américaine Oprah Winfrey, qui a dû affronter à de nombreuses reprises envie et médisance avant d'accéder aux postes les plus prestigieux, avoue s'être servie de son poids comme d'une excuse, ou plutôt comme d'une protection.

L'auteure Christine Lewicki montre dans son livre *Wake Up !* que bien souvent nous n'osons pas agir par peur de l'opinion des autres. Pourtant, c'est notre droit le plus légitime que de nous tromper et de faire des erreurs sur le chemin : cela signifie que nous sommes bien vivant, que nous avons pris le taureau par les cornes et que nous ne sommes pas resté simple spectateur de notre vie. En être acteur nous libérera des « râleries » en nous obligeant à prendre nos propres responsabilités.

L'auteur-compositeur-interprète Charles Aznavour a lui-même subi pendant très longtemps des critiques blessantes, tant sur son physique que sur sa façon d'être ou encore sa voix. Il confie dans son livre *D'une porte l'autre* que c'est uniquement grâce à la foi qu'il avait en lui qu'il s'en est sorti : à l'époque déjà, il mettait un point d'honneur à ignorer les empêcheurs de tourner en rond en les envisageant comme des gens sans discernement et imbus de leur personne.

Notre esprit est une oasis dont il faut prendre le plus grand soin pour éviter qu'il ne soit contaminé par des substances « toxiques » (inquiétudes et anxiétés) que certains s'acharnent à répandre chez nous.

Dans *Transurfing*, Vadim Zeland explique que nous sommes le seul capitaine de notre bateau. Nous pouvons écouter tranquillement « ceux qui savent » ce que nous « devons » faire, suivre les chemins tout tracés – ces fameux « balanciers » –, mais il vaudrait mieux nous diriger vers ce qui nous semble juste au fond de nous, sans nous sentir coupable et surtout sans avoir à nous justifier ! Car inversement nous nous placerions dans un rapport de soumission à l'autre et lui donnerions par la même occasion le droit de penser qu'il est meilleur que nous. Personne ne peut nous juger, c'est notre droit le plus inaliénable que d'être nous-même. La solution serait de parvenir à transformer ce sentiment d'infériorité en audace, en culot qui nous fera avancer. Nous pourrons ainsi établir nos propres règles.

Attention : nous autoriser à être nous-même implique aussi de laisser les autres pouvoir être eux-mêmes ! La créativité des autres ne représente pas une menace pour nous.

Elle peut être bien au contraire particulièrement stimulante. J'ai pu me rendre compte à maintes reprises qu'il y a de la place pour tout le monde.

Enfin, se tenir à l'abri de l'influence négative des autres implique également d'apprendre à s'isoler des médias ou, en tout cas, à les sélectionner attentivement et à les consommer avec modération. Bien souvent, en effet, ils se focalisent sur les mauvaises nouvelles et ne montrent qu'un seul aspect d'une situation. Si nous regardons autour de nous, nous verrons qu'il existe aussi des personnes positives et bienveillantes qui aident les autres, à titre individuel ou au sein de différentes organisations. L'aspect dramatique de la vie n'est pas si fréquent que cela, si on fait véritablement le compte de ce qui nous arrive.

Apprendre à dire non à tout ce qui nous conditionne négativement, c'est apprendre à faire nos propres choix. Et, comme le dit la créatrice de haute couture Coco Chanel, « on ne peut pas réussir si on n'est pas prêt à déranger un peu les gens ».

Selon le penseur et conférencier à succès Deepak Chopra, lorsque nous faisons un choix, il faut nous poser deux questions essentielles : « Quelles sont les conséquences de ce choix ? » et « Ce choix sera-t-il source de bonheur, pour moi, comme pour ceux qui sont autour de moi ? » Fonçons quand la réponse est positive !

Notre corps est également un bon baromètre pour nous indiquer si nous sommes dans la bonne direction. Lorsque nous nous sentons inconfortable en pensant à un choix, c'est que ce ne doit pas être le bon…

Choisir, c'est prendre son avenir en main. Deepak Chopra explique que nous pouvons l'enseigner à nos enfants en dédiant un jour de la semaine à ce principe : ce jour-là, examinons avec eux les choix qu'ils ont faits ; montrons-leur comment un choix a pu modifier leur présent ; prouvons-leur ainsi que tout choix a des conséquences et qu'ils peuvent changer leur avenir en faisant le bon choix.

Ce ne sont pas les circonstances qui façonnent notre destin, mais bien les décisions que nous prenons chaque instant ! Notre vie est le reflet de ce que nous avons décidé d'être en fonction de nos croyances, notre entourage, le rapport à notre corps… Si nous voulons évoluer, nous devons prendre de nouveaux engagements avec nous-même et les mettre en œuvre dès maintenant. Décider de changer, c'est focaliser toute son énergie sur son objectif tout en étant certain que nous ne pouvons pas échouer. Commençons, comme le recommande le célèbre coach américain Anthony Robbins, par prendre deux résolutions que nous nous promettons de suivre quoi qu'il arrive ; l'une doit être une résolution facile à tenir. Ainsi, cela nous prouve par l'exemple que nous sommes capable de prendre des décisions et de nous y conformer.

Nous sommes responsable de ce qui nous arrive : chacun de nos choix a des conséquences. Pour que notre vie avance dans le bon sens, il suffit donc d'en prendre la décision.

Tous nous serions transformés si nous avions le courage d'être ce que nous sommes.

Marguerite Yourcenar
(*Alexis ou le traité du vain combat*)

Fini les remises en question !

Nous sommes différent ? Tant mieux ! Faisons notre coming out ! Apprenons à sortir des chemins tout tracés. Il nous faudra une grande détermination. Il est dans un premier temps bien plus facile de suivre le mouvement sans trop se poser de questions, mais croyez-moi, cela ne nous rendra pas pleinement heureux... Alors, prenons notre courage à deux mains et mettons en avant notre différence, notre originalité.

C'est elle qui fera… la différence !

Si tu veux mon avis, il n'est jamais trop tard pour être ce que tu as envie d'être. J'espère que tu verras des choses qui te secoueront. Que tu ressentiras des choses que tu n'as jamais ressenties. J'espère que tu seras fier de ta vie. Et que si tu découvres que ça n'est pas le cas, tu auras la force de tout recommencer.

F. Scott Fitzgerald (*Benjamin Button*)

EXPÉRIENCE

J'ai 16 ans…

« Joanna est plus jolie et plus intelligente que moi, je ne suis pas à la hauteur. » Au fond, c'est plus simple de penser ainsi. J'ai moins d'efforts à faire, c'est confortable, c'est une excuse pour ne pas prendre de risques et ne pas réussir… Je m'autorise à subir, je m'évite la remise en question et la responsabilité de ma vie. Pourtant, le prix en est élevé : ma confiance en moi, mon bonheur, ma sérénité, mon énergie, mon optimisme. Pourquoi est-ce que je préfère me cacher tout cela ?

J'ai 33 ans…

Est-il trop tard pour devenir ce que j'ai rêvé d'être ? Petite, j'étais toujours le leader, je créais des films dans lesquels je jouais avec mes amies, je m'imaginais en Superwoman au secours des autres. Tous les rêves finissent-ils toujours par partir en fumée ?

J'ai 40 ans…

Ma vie n'est-elle pas un film, dont je suis la scénariste ? Je me suis toujours crue spéciale – dans le mauvais sens du terme – et voilà qu'aujourd'hui je rencontre des personnes qui me ressemblent et me collent des ailes dans le dos.

Rituels de protection pour préserver sa différence : se réjouir de son grain de folie et mettre en avant son talent

Le talentueux coloriste des stars Rodolphe Lombard m'a un jour livré au détour d'une de nos conversations sur son incroyable réussite :

— Jusqu'à l'âge de cinq ans je vivais en Martinique avec mes parents et je n'étais pas conforme aux enfants de mon âge. J'étais classé dans le registre légèrement déficient mental, mais le miracle de la médecine a permis de découvrir qu'en réalité j'étais partiellement sourd. Après moult opérations, mon problème de surdité était résolu et j'ai pu apprendre à parler et communiquer normalement. J'ai mis des années à gagner la confiance en moi et à vaincre cette timidité maladive dans laquelle mon handicap m'avait isolé. Maintenant, après réflexion et une thérapie adaptée, j'ai pris conscience que cette différence avait été pour moi un moteur qui m'a permis de me surpasser et je suis concrètement devenu adulte lorsque je me suis pardonné mon enfance.

Nous devrions nous féliciter de « ne pas être comme tout le monde » et non le redouter ! Nous avons le pouvoir de créer nos propres règles, plutôt que de suivre celles des autres les yeux fermés… C'est notre droit le plus inaliénable que d'être unique, d'être nous-même, sans nous laisser façonner par qui que ce soit. Aussi n'hésitons plus, brisons les déterminismes et dénichons notre propre trésor. Alors, nous trouverons des solutions à nos problèmes.

Enfant, le joueur de football Zlatan Ibrahimović n'était pas très grand, avait selon lui un long nez et zozotait… Ses parents, contrairement aux autres qu'il côtoyait, n'avaient pas une belle maison et n'assistaient pas à ses matchs… *Je me sentais comme un Martien. J'étais complètement fauché, alors que les autres avaient toujours les derniers crampons Adidas ou Puma en peau de kangourou*, avoue-t-il[1]. Bien plus tard, il s'est fait tatouer la phrase *Seul Dieu peut me juger* pour se rappeler que chacun doit tracer sa route. L'attaquant du ballon rond, autodidacte devenu un joueur d'exception, a intelligemment fait la paix avec son

1. *Moi, Zlatan Ibrahimović, mon histoire racontée à David Lagercrantz.*

enfance douloureuse dans les ghettos de la banlieue de Malmö, en Suède, entre un père alcoolique, une mère débordée et un frigo vide. Le jeune garçon mal parti dans la vie a choisi de prendre sa revanche sans jamais se plaindre ou dénoncer l'injustice sociale, ni surtout renier ce qu'il a été.

Ne pas avoir été dans le moule est peut-être finalement ce qui lui a permis d'oser sortir du cadre et de progresser.

Comme lui, osons inventer de nouvelles solutions, de nouvelles pistes. Suivons notre propre route, créons de nouveaux chemins ainsi que le conseillait déjà le guide spirituel Gandhi. Devenu avocat après avoir étudié à Londres, il exerça à Bombay, puis en Afrique du Sud, où il découvrit les discriminations raciales : peu de temps après son arrivée, lors d'un voyage en train, détenant un billet de première classe, il refusa de suivre l'ordre de la police de rejoindre la troisième classe. Expulsé du train, il prit alors la décision la plus importante de sa vie : il n'accepterait plus jamais l'injustice... Après avoir passé 22 ans en Afrique du Sud, où il fonda son premier ashram, il devint le pionnier en Inde du mouvement pour l'indépendance du pays, et il est encore aujourd'hui considéré comme le père de la nation indienne. C'est depuis qu'on le surnomme Mahatma : la « grande âme »...

L'homme d'État britannique Winston Churchill, lui, fut un élève médiocre à la santé fragile avant de devenir un diplomate de talent et l'un des grands hommes politiques du XXe s. Pendant la Seconde Guerre mondiale, il perçut très rapidement les dangers du nazisme et, même si personne ne l'écoutait, finit par faire triompher l'idée de poursuivre le combat contre Hitler plutôt que de traiter avec lui, autorisant le général de Gaulle à s'exprimer à la radio à Londres pour lancer son célèbre appel du 18 juin 1940. *La grande leçon de la vie, c'est que parfois ce sont les fous plus que les sages qui ont raison*, conclura-t-il…

Pour sortir des sentiers battus, il nous faut repérer nos points faibles et en faire une force.

Si nous prenons le temps d'y réfléchir, nous avons certainement un talent particulier que personne d'autre ne possède et que nous pouvons mettre au service de la société. Il est hors de question de laisser ce talent en friche !

Chacun a une raison d'être sur cette terre et doit la découvrir. Ainsi, chaque jour, prenons le temps de nous asseoir en silence au moins cinq minutes pour nous poser des questions sur nous-même : « Qu'est-ce que je veux dans ma vie ? » « Par quoi vais-je commencer aujourd'hui ? » « Qui puis-je aider ? »

Cessons de nous couler un peu trop souvent dans les moules que la société propose et laissons notre véritable personnalité s'exprimer. « En faisant scintiller notre lumière, nous offrons aux autres la possibilité d'en faire autant », soulignait le président d'Afrique du Sud, Nelson Mandela, dans son célèbre discours d'investiture du 10 mai 1994.

Soyez fous, mais comportez-vous comme des gens normaux. Courez le risque d'être différent, mais apprenez à le faire sans attirer l'attention.

Paulo Coelho
(Veronika *décide de mourir*)

Réapprendre la joie d'être vivant

Il faut toujours garder dans notre main la main de l'enfant que nous avons été. Nous sommes arrivé sur cette terre confiant dans toutes nos aptitudes, prêt à conquérir le monde, et c'est cet état qu'il nous faut chercher à retrouver. Celui où chaque jour avait des allures de Noël, lorsque nous nous levions avec enthousiasme pour reprendre notre jeu interrompu la veille, lorsque nous nous prenions pour Spider-Man ou Tarzan, lorsque nous avons réussi à dire « chocolat » pour la première fois, lorsque la première personne a levé des yeux enamourés sur nous, lorsque nous avons appris à jouer à la guitare… Gardons toujours au cœur l'exaltation de ces moments et la sensation d'être vivant que nous avons éprouvée à cet instant. Apprenons à nous reconnecter avec les rêves que nous échafaudions petit : au fait, quels étaient-ils ?

EXPÉRIENCE

J'ai 10 ans…

Je veux danser, chanter, sauver le monde, rire avec mes amis, être jolie, me maquiller comme une femme, rencontrer un prince.

J'ai 15 ans…

C'est du sérieux, je chante dans un groupe. Bien sûr, j'ai du mal lorsque ça monte trop haut, mais je m'accroche à mon micro. Je veux être une rock star en concert, sentir cette connexion presque surnaturelle avec ceux qui y assistent, m'apercevoir que cela part de moi, passe par nous et touche en plein cœur. Vais-je être chanteuse de rock, actrice de cinéma ou vedette de télé ? Tout est possible.

FORMULES MAGIQUES POUR RETROUVER CE QUI NOUS FAISAIT VIBRER

Réapprendre à voir le monde avec un regard d'enfant, c'est réapprendre à éprouver le plaisir des sensations. C'est aussi mettre de côté ses inhibitions et ne plus donner prise au doute, à la honte et à la culpabilité, c'est percevoir les événements sans les alourdir de concepts… Lorsque nous sommes seul, parlons à voix haute à l'enfant intérieur qui se trouve en nous. Prenons le temps de le réconforter, de lui dire que nous sommes là et qu'il peut compter sur nous. Après tout, notre plus longue histoire d'amour, c'est avec nous-même !

Oprah Winfrey, lorsqu'elle a reçu John Bradshaw (auteur de livres de développement personnel dont cinq ont été des best-sellers ; l'un des thèmes récurrents traite de la guérison de l'enfant intérieur) dans son émission, s'est soumise à l'exercice suivant (dont elle se souviendra toujours) : visualiser les yeux fermés son retour dans la maison où elle avait grandi… Arriver près de cette maison, regarder par la fenêtre, puis entrer et observer ce qu'elle y ressentait… Une expérience que nous pourrions essayer avec un endroit où nous nous sentons bien, pour nous reconnecter avec notre capacité à nous émerveiller de tout.

Comme un enfant, jouons, célébrons Noël en été, amusons-nous, parlons une langue imaginaire, peignons, remettons-nous à un instrument, lisons les poètes, exprimons-nous !

Acceptons d'accueillir à nouveau ces moments où tout nous semblait magique lorsque nous étions petit. Pour cela, imaginons-nous dans la peau d'un enfant, avec les traits de caractère qui les caractérisent : la curiosité, le sentiment de sécurité, la capacité d'émerveillement, la déconnexion par rapport au temps qui passe, l'enthousiasme, la spontanéité et la fougue.

Amma (« mère » en hindi) est un maître spirituel qui a étreint plus de 36 millions de personnes à travers le monde. Elle répand son message d'amour et de tolérance partout sur la planète et insiste elle aussi sur l'importance de se réapproprier son innocence : elle prend l'exemple d'un adulte capable d'interpréter scientifiquement les ondes d'un arc-en-ciel qui n'arrive pas à la cheville de la joie d'un enfant qui s'émerveille devant.

Devenir adulte, c'est parfois se sentir écrasé sous la pression d'une société qui peut être très insécurisante. Pour y faire face, nous avons choisi le contrôle et la maîtrise. Mais que se passerait-il si nous essayions de percevoir à nouveau le monde comme un enfant, sans chercher à tout expliquer, bref si nous renoncions à être trop sérieux ?

Vadim Zeland explique dans *Transurfing 4 – Diriger la réalité* que la supériorité des enfants sur les adultes proviendrait du fait qu'ils ont compris que leurs jeux ne restent « que » des jeux tandis que les adultes, eux, prendraient leurs jeux au sérieux et en seraient devenus dépendants.

Le coach Robin S. Sharma insiste sur l'importance de ne jamais se résigner à agir comme les adultes sont censés le faire. Observons les enfants, leur esprit n'a pas de limites, tout est possible : *Chacun d'eux est un modèle de créativité. Personne ne leur a enlevé leurs illusions et ne leur a dit que le père Noël n'existe pas, personne n'a étouffé leurs rêves en leur disant qu'ils ne peuvent pas être des médecins et des avocats, des astronautes ou des acteurs de cinéma. Pour eux, le monde contient des occasions infinies et des possibilités illimitées*[1].

Apprêtons-nous à mettre en doute le raisonnement de ceux qui ne s'étonnent plus de rien. Tout doit nous sembler nouveau, excitant, possible…

Il nous faudra retrouver également cette faculté que nous avions de prêter attention à l'invisible.

La journaliste Patricia Darré a suivi des études supérieures de publicité, littérature et cinéma à l'Université de Bologne. À l'âge de 35 ans, à la naissance de son fils, sa vie bascule lorsqu'elle entend, une nuit, dans son sommeil, une voix qui lui intime l'ordre de se lever et d'écrire. Sur le papier, sa main prend des notes, comme sous la dictée d'une autre dimension. De nature cartésienne, elle découvre alors sa médiumnité… Elle souligne dans son ouvrage *Un souffle vers l'éternité* que dans le monde actuel, on utilise principalement le mental. S'il est indispensable pour nous aider à organiser notre vie matérielle au quotidien, il ne faut cependant pas le confondre, selon elle, avec l'âme qui, elle, représente notre essence véritable. Ainsi, il s'agirait de rester à l'écoute de nos sensations pour nous reconnecter avec notre âme d'enfant.

---

1. *La Sagesse du moine qui vendit sa Ferrari.*

L'auteur du best-seller *L'Homme qui voulait être heureux*, Laurent Gounelle, décrit les enfants comme de petites personnes toujours en mouvement. Si l'adulte fait tout pour ne pas changer, l'enfant, lui, est constamment en train d'évoluer. Aussi, choisir de continuer à apprendre et à innover, c'est décider de rester jeune.

Fort de ces éclairages, nous pourrions nous poser les bonnes questions : que voulions-nous faire enfant ? En avons-nous toujours envie ? Qu'est-ce qui nous rend heureux et qui nous fait oublier le temps ? Que regretterions-nous de ne pas avoir accompli à la fin de notre vie ?

J'ai mis toute ma vie à savoir
dessiner comme un enfant.

PABLO PICASSO

2

Nous avons des pouvoirs magiques

Ceux qui ne croient pas à la magie
ne la trouveront jamais.

ROALD DAHL

Vos rêves vont vous aider à changer votre vie

S'il y a bien une chose que nous pouvons choisir, c'est la façon dont nous voyons notre réalité.

Ce fut le cas de mon ami Samuel Cavagnis. Titulaire d'un poste très enviable dans les cuisines de l'Élysée, il a tout plaqué pour voyager et réaliser le rêve d'un vieux Pakistanais qu'il avait rencontré et qui regrettait de ne pas avoir parcouru le monde. Samuel le fera à sa place, à dos d'âne et à vélo. Il a fait de sa vie un incroyable road movie culinaire. De retour à Paris, il a ouvert son restaurant, Le Versance, réputé pour sa cuisine empreinte d'épices et d'émotions.

De la même manière, Felix Sabal Lecco aurait pu suivre la voie de son père, un haut dignitaire camerounais, mais il a préféré débarquer en France sans un sou en poche, il y a 30 ans, pour réaliser son rêve d'être batteur. Après de longues années difficiles à dormir dans la rue, à peine croyable, il a joué depuis au côté de Prince, Sting, Lenny Kravitz ou encore Peter Gabriel.

Si nous croyons fermement que tout est possible, notre esprit nous mettra sur la fréquence de vibration du succès et de nouvelles opportunités se déclencheront. À partir d'aujourd'hui, donnons-nous vraiment le droit de rêver et, surtout, n'hésitons pas : voyons grand. Et un petit conseil… Faites attention à ce que vous souhaitez, parce que vous risquez vraiment de l'obtenir !

EXPÉRIENCE

J'ai 40 ans…

Je travaille comme journaliste free-lance et je décide de réaliser un documentaire qui montre que chacun a le droit de choisir son propre chemin et n'est pas obligé de suivre les sentiers tout tracés. Je n'ai pas d'équipe, pas de producteur, pas de synopsis, pas de diffuseur, juste ce rêve qui me tient à cœur et que je veux concrétiser. Mon entourage professionnel me déconseille de me lancer dans cette entreprise sans avoir écrit un long projet, le présenter à des producteurs, attendre le bon vouloir des chaînes… Bref, patienter encore et encore, sans bouger. Convaincue de l'importance de mon message, je décide pourtant de réaliser ce documentaire à mes frais, sans attendre. À force d'obstination, je réussis à trouver une équipe de choc et je me lance. Avec eux, je vis des histoires formidables et j'apprends de vraies leçons de vie durant le tournage. Je parviens même à filmer une séquence de mon documentaire dans le palais de l'Élysée ; ce jour-là, tandis que de nombreux journalistes campent à l'extérieur du bâtiment présidentiel et essayent de recueillir des informations, moi, je suis à l'intérieur et j'apprends avant tout le monde la mort de l'ancien Premier ministre britannique Margaret Thatcher... Une fois que j'ai terminé, comme par magie, TV5MONDE m'achète *Ma liberté* pour le diffuser dans le monde entier à travers les 13 chaînes du groupe. J'ai bien fait de prendre mon rêve en stop !

Si vous pouvez le rêver, vous pouvez le faire.

Walt Disney

Talismans pour une vie exaltante : S'autoriser à rêver

Le futur appartient à ceux qui croient à la beauté de leurs rêves, notait la première dame des États-Unis, Eleanor Roosevelt, épouse du président Franklin D. Roosevelt.

Orpheline à l'âge de 10 ans, élevée par sa grand-mère, elle deviendra la première dame des États-Unis de 1932 à 1945. En tant que First Lady, elle organise des projections privées, où elle invite les domestiques noirs et blancs, s'affranchissant de plus en plus des codes de la bonne société. Libre de ses choix et de ses opinions, indépendante, engagée, c'est la première épouse de président à avoir donné une dimension politique à sa fonction, se battant avec persévérance pour les libertés individuelles, défendant les pauvres, les femmes et luttant contre le racisme. Elle a accepté un poste de rédactrice en chef dans un magazine féminin avant d'avoir une chronique quotidienne intitulée « My Day », dans laquelle elle racontait sa vie à la Maison-Blanche, ne s'interdisant aucun sujet. Après la mort de son mari, elle fut élue présidente de la Commission des droits de l'homme et est inscrite au National Women's Hall of Fame…

Aussi, je vous conseille de vous consacrer à vos rêves dès maintenant. Pourquoi les mettre de côté en pensant y revenir plus tard ? Rêver, c'est être libre de transformer le hasard en destin. Notre seule limite, au fond, c'est ce que nous nous interdisions de rêver. La peur de rêver ne serait-elle pas liée à la peur de l'échec ?

Bien plus que la logique, l'imagination et l'audace sont les deux qualités qui vous permettront d'arriver à vos fins, analysait le célèbre auteur de la théorie de la relativité générale, Albert Einstein.

Alors, peu importe à quel moment de notre vie nous nous trouvons, il vaut mieux cesser d'écouter ceux qui tentent de nous éloigner de nos rêves. Il n'est jamais trop tard pour les réaliser. Rien de grand ne s'est fait dans ce monde sans avoir eu pour point de départ un rêve. *I have a dream*, clamait Martin Luther King dans son célèbre discours devant le Lincoln Memorial à Washington. Soutenu par la suite par John Fitzgerald Kennedy dans sa lutte contre la ségrégation raciale, la plupart des droits qu'il défendait, à l'époque encore irréalisables, ont fini par être promus.

La phrase la plus assassine que je connaisse, c'est « Arrête de rêver ! » note l'écrivain et éditeur français François

Garagnon, qui explique que ces mots annihilent instantanément le meilleur de nous-même en rétrécissant l'univers des possibles. Dès l'âge de 11 ans, François se passionne pour la littérature et l'écriture. Il rêve de devenir auteur, mais, lorsque plus tard il propose ses manuscrits à des éditeurs, tous sont refusés. Il s'accroche malgré tout et crée sa propre maison d'édition, puis publie ses œuvres à succès traduites depuis en 47 langues dans le monde entier…

Ne laissons plus la réalité limiter nos rêves. Comme l'indique François Garagnon, il faut être un rêveur « actif », de ceux qui disent « Pourquoi pas ? » plutôt que « À quoi bon ? » Mais notre rêve ne doit être ni une « rêvasserie », sans objectif précis, ni une « utopie », qui sous-entend quelque chose d'irréalisable.

Aussi, pour vérifier que notre rêve est bien « solide » et réalisable, posons-nous plusieurs questions :

1. Ce rêve est-il vraiment le mien ou ai-je été conditionné par mon milieu social, ma famille ou mon entourage ?
2. Ce rêve fait-il vraiment partie des choses essentielles que je voudrais avoir réalisées avant de mourir ?
3. Quelles actions immédiates puis-je mettre en place pour arriver le plus rapidement possible à sa concrétisation ?

N'oubliez pas : si nous sommes capable de rêver notre projet, nous devons pouvoir le mettre en œuvre positivement. *L'univers tout entier conspire à la réussite de celui qui accomplit sa légende personnelle*, confie le romancier brésilien Paulo Coelho dans son deuxième livre, *L'Alchimiste*, publié dans 150 pays.

Vadim Zeland va même plus loin en affirmant que nous devons prendre conscience que notre vie entière est un rêve. De participant, cela nous permet de devenir ainsi observateur, tout en jouant le jeu et en continuant à tenir notre rôle ; nous sommes donc simultanément acteur, réalisateur et spectateur.

Lorsque nous réalisons que ce que nous vivons est un rêve, nous pouvons dire « Va-t'en » à une situation qui ne nous convient pas ! Cette position m'a souvent semblé extrême au regard des nombreuses personnes que j'observais avec effroi traverser des périodes douloureuses.

Toutefois, me concernant directement, je dois avouer que j'ai pu constater que chaque fois que j'ai pris la décision de créer ma destinée, cela m'a redonné une telle énergie que je suis parvenue à me sortir des situations les plus épineuses.

Le chanteur, compositeur et producteur américain Jermaine Jackson évoque le souvenir de son frère Michael, à la réussite fulgurante, qui misait tout sur le pouvoir des rêves… Pour s'en rappeler, il avait même installé chez lui une pancarte : *Suis tes rêves où qu'ils te conduisent.*

Alors, ne pensez-vous pas, comme le suggérait le poète français Guillaume Apollinaire, qu'*il est grand temps de rallumer les étoiles*[1] ?

Il doit rester quelques rêves d'enfant cachés
sous mon oreiller, je tenterai de ne pas les écraser
avec ma tête lourde de soucis d'adulte.

MATHIAS MALZIEU (*LA MÉCANIQUE DU CŒUR*)

---

1. *Les Mamelles de Tirésias.*

Nous sommes ce que nous croyons !

Nous pouvons être le créateur de notre propre vie. Pour cela, choisissons d'adopter dès maintenant des croyances positives, cela nous aidera à tout changer si nous visualisons le meilleur. Si nous nous attendons à des résultats positifs dans ce que nous entreprenons, nous obtiendrons ces résultats. C'est donc simple, si nous voulons changer notre réalité, modifions avant tout nos croyances, mettons-nous à l'écoute de notre cœur et « reprogrammons-nous ». Puisque nous avons inconsciemment créé notre réalité actuelle, nous pouvons en créer une nouvelle, conforme à nos souhaits les plus profonds. Je vais vous expliquer un peu plus loin très précisément la marche à suivre.

Elle pense qu'il va dire : je t'aime.
Mais non.
Il murmure une phrase plus importante.
Une phrase à laquelle elle pensera sans cesse.
Qui sera l'essence de son obsession.
Puisses-tu ne jamais oublier que je crois en toi.

DAVID FOENKINOS (*CHARLOTTE*)

Nous avons déjà évoqué ensemble le conditionnement dont nous avons tous fait l'objet. Si une partie de ce conditionnement peut s'avérer très positive, il reste l'autre, celle avec laquelle vous devez certainement vous débattre au quotidien. Dans mon cas, dès l'âge de 12 ans, sans volonté consciente de nuire mais avec application, on m'a inculqué de fausses croyances : « Tu t'habilles mal, tu es bordélique, tu es un scorpion qui pique, tu fais tout moins bien que les autres, tu es grosse, tu es gourmande, tu n'es pas sportive… » Lorsque je suis entrée dans la vie active, essayer de sortir de tout cela, c'était comme si on me demandait de gravir le mont Blanc en tongs et en short. Jusqu'à mes 31 ans, âge auquel j'ai choisi de reprendre ma vie en main et modifié mes croyances une par une. J'ai décidé d'incarner ce que je me sentais être au fond de moi-même :

Douce
Mesurée
Vivante
Sexy
Optimiste
Positive
Consciente
Attentive aux autres
Bienveillante
Ensoleillée
En paix

Cela n'a pas été aussi élémentaire d'effacer 30 ans de croyances d'un coup… Le travail a été long, quotidien et assidu ; mais je peux dire que j'ai redirigé mes vibrations intérieures vers un réseau complètement différent, en phase avec moi-même, et que je me sens aujourd'hui beaucoup mieux dans mes baskets.

Je vais vous expliquer comment j'y suis parvenue.

Gri-gri pour déjouer les sortilèges des croyances négatives

Commençons par faire l'inventaire et le tri dans nos croyances… Gardons celles qui nous aident à avancer et débarrassons-nous de celles qui nous limitent ! Pour nous y aider, faisons des listes de celles qui nous traversent l'esprit de manière récurrente.

Prêtons-y toute notre attention et, peu à peu, prenons conscience de toutes ces histoires négatives que nous nous racontons dans notre tête, les « Je suis nul en… Je n'ai jamais été… Je suis incapable de… »

Puisque nous avons été conditionné au départ par notre entourage (nos parents, notre famille, nos professeurs, nos amis...), nous devons découvrir quand et comment cela nous a été inculqué afin de pouvoir nous « reparamétrer » différemment en fonction de ce que nous souhaitons être. Comme le ferait un observateur, prêtons attention sans la juger à cette petite voix qui nous rejoue toujours la même musique.

Puis commençons à mettre en doute toutes les croyances qui jusqu'ici nous semblaient vraies, mais qui n'étaient en fait que des opinions culturelles ou sociales, forcément subjectives.

Examinons ce que nous gagnons à nous repasser en boucle depuis des années toutes ces affirmations négatives (par exemple : « Je suis grosse parce que j'en ai besoin pour me protéger des autres et qu'on me fiche la paix ») et demandons-nous si ces anciennes croyances nous sont encore utiles aujourd'hui pour avancer. Imaginons ce que nous gagnerions à ne plus nous raconter la même histoire.

Arrêtez de nourrir vos rats, Camille. Vos rats, ce sont vos peurs, vos complexes, vos fausses croyances, toute cette partie de vous qui aime bien se faire plaindre et jouer les Caliméro, fait dire l'auteure Raphaëlle Giordano à ses personnages[1].

---

1. *Ta deuxième vie commence quand tu comprends que tu n'en as qu'une.*

Comme le souligne le chirurgien mexicain Don Miguel Ruiz dans son livre sur les préceptes des sages toltèques, nous pouvons nous libérer de ce conditionnement collectif en brisant les milliers d'« accords », ces croyances limitantes qui nous maintiennent prisonnier d'un système de pensées et qui créent des souffrances inutiles.

Puis nous pouvons choisir cette fois-ci délibérément de donner notre « accord » à de nouvelles croyances, bien plus authentiques et représentatives de notre véritable personnalité.

Posons-nous la question suivante, simple (en apparence), mais fondamentale : « Qui suis-je ? »

Nous serions ce que nous nous répétons indéfiniment. Aussi, le plus simple pour lâcher nos croyances limitantes, c'est de changer de disque !

Modifions nos conversations intérieures avec nous-même et décidons de nous revaloriser et de nous encourager en choisissant soigneusement des affirmations positives qui nous feront du bien et qui soutiendront nos objectifs.

Dans son livre *Miracle Morning*, le coach en développement Hal Elrod énumère cinq étapes pour créer notre première affirmation :

1. Définir ce que nous voulons réellement
2. Comprendre pourquoi nous le désirons tant
3. Visualiser celui que nous devons être pour atteindre notre but
4. Prendre l'engagement de modifier notre comportement pour y arriver
5. S'entourer de citations inspirantes

Pour établir ces affirmations, nous avons tous les droits : c'est nous qui choisissons ce en quoi nous croyons. Par exemple : « Je suis toujours en bonne santé », « Je suis né pour réussir », « Je suis invulnérable, rien ne peut m'atteindre en dehors de ce qui est bon pour moi ».

Le pasteur conférencier Joseph Murphy, reconnu comme l'un des plus grands spécialistes du pouvoir du subconscient, conseille d'adopter des croyances du type : « Je vis un mariage heureux », « Je suis divinement rémunéré », « Je suis apprécié »... Il est devenu l'auteur de plusieurs best-sellers traduits dans de nombreuses langues et connaît une très grande popularité grâce à ses écrits sur la dynamique de la pensée qui utilise les pouvoirs de l'autosuggestion et du subconscient.

Le coach et auteur Napoleon Hill, qui a consacré sa vie à étudier comment certaines personnes atteignent la réussite, et son ami le chef d'entreprise milliardaire W. Clement Stone ont participé à développer ensemble le concept d'attitude mentale positive qu'ils considèrent comme la pierre angulaire du succès. Ils proposent de nombreux mantras positifs, dont vous pouvez vous inspirer, parmi lesquels :

« Je suis un champion-né ! »

« Jour après jour, je vais de mieux en mieux ! »

« Je me sens en bonne santé, je me sens heureux, je me sens en pleine forme[1] ! »

Une fois la liste de nos affirmations positives dressée, nous devons nous engager à y croire comme lorsque, enfant, nous

1. *Le Succès par la pensée constructive*.

croyions au père Noël, c'est-à-dire sans jamais remettre en question cette nouvelle croyance positive.

Nous pouvons nous répéter nos affirmations chaque matin devant le miroir, à voix haute quand nous le pouvons, ou à défaut mentalement, ainsi que tout au long de la journée et jusqu'au moment où nous nous coucherons (remplaçons par exemple le « Je suis nulle en sport » par « Je suis une grande sportive, le sport me fait du bien ! »).

Prenons exemple sur le chanteur Michael Jackson, qui ne quittait pas son magnétophone sur lequel il écoutait des messages positifs qu'il avait enregistrés afin de l'aider à avancer : « Tu es sûr de toi… Tu es fort… Tu es beau…Tu es le meilleur. »

Nous pouvons également réitérer ces affirmations pendant que nous faisons du sport, pour profiter d'un des moments où nous nous sentons le plus connecté avec nous-même.

Nous avons aussi la possibilité de recopier ces affirmations 50 fois, de les afficher chez nous sur tous les objets que nous avons l'habitude d'utiliser souvent (frigo, toilettes, miroir de la salle de bain, sur la table de nuit, sur l'écran de notre ordinateur…) ou les cacher au milieu de nos pulls et tee-shirts dans nos armoires pour tomber dessus « par hasard ».

Pour qu'elles soient le plus efficaces possible, n'oublions pas un principe-clé : nous devons ressentir de l'émotion en les disant ou les lisant.

Ce en quoi nous croyons est notre puissance ; il est donc primordial, vous l'avez compris, de porter une attention particulière aux croyances que nous choisissons.

Le coach entrepreneur Anthony Robbins a identifié sept croyances positives très puissantes et destinées à nous faire réussir ce que nous entreprenons :

1. Chaque chose a une raison d'être précise
2. L'échec ne compte pas, seuls comptent les résultats
3. Prenez toujours la responsabilité de vos actes
4. Vous pouvez tout utiliser, même si vous ne le comprenez pas
5. Ceux qui réussissent respectent les autres et ont l'esprit d'équipe et de partage
6. Travailler est un jeu
7. L'engagement total est indispensable

Il souligne que, très souvent, nous classons les images auxquelles nous croyons à la gauche de notre esprit, et toutes les autres sur la droite ; il suffirait de nous imaginer en train de faire glisser ces images de la droite de notre tête vers la gauche, tels les fichiers d'un ordinateur, pour modifier la nature de nos croyances. Essayez !

Pour que les croyances positives fonctionnent pleinement, il faut les répéter le plus souvent possible dans la journée. Pas seulement trois ou quatre fois (même si c'est déjà bien), mais plutôt chaque fois que nous y penserons, et avec enthousiasme et conviction.

Visualisons-nous comme quelqu'un de discipliné, qui maîtrise son esprit et son corps, imaginons-nous relevant des défis comme si nous étions un grand sportif ou un sage accompli.

Tous ces petits et grands pas nous offriront peu à peu une nouvelle image de nous-même, revalorisée, ainsi que de nouvelles habitudes de vie. Et comme le souligne l'actrice Cameron Diaz : le fait de prendre de bonnes habitudes équivaut à choisir le meilleur pour nous-même et à nous permettre à terme de réaliser tous nos projets.

Que Dieu me donne la force d'accepter ce
que je ne puis changer, le courage de changer ce
qui est en mon pouvoir et la sagesse
d'en comprendre la différence.

Prière de la sérénité d'un théologien protestant inspiré par saint François d'Assise et Marc Aurèle

II

DEMANDEZ ET VOUS RECEVREZ

1

Que voulez-vous exactement ?

Une fois nos croyances passées au crible et rééquilibrées, il va nous falloir définir des objectifs à atteindre de manière précise. Or, avouez-le, bien souvent vous n'avez jamais pris vraiment le temps d'y réfléchir… Nous avons tous des souhaits, mais ceux-ci restent vagues : je veux être riche, aimé(e), entouré(e), respecté(e), je veux voyager, avoir une belle voiture…

QUE VOULEZ-VOUS VRAIMENT ?

Il faut avoir une musique en soi
pour faire danser le monde.

FRIEDRICH NIETZSCHE

Pour le savoir, écoutez votre cœur

Pour une fois, prêtons attention à cette petite voix intérieure qui nous parle. Elle est l'expression de ce qu'il y a de plus profond en nous. Apprenons à percevoir ce léger souffle, cette intuition, car c'est elle qui nous permettra de recevoir les cadeaux de la vie. N'hésitons pas à la suivre ; elle nous veut du bien. Et, mieux encore, recherchons volontairement toute chose qui peut nous mettre dans un état de joie profonde. Nous autoriser à être heureux renforcera notre confiance en nous et nous permettra de nous sentir plus vivant, donc plus ouvert aux opportunités et aux signes de la vie.

Il avait envie de faire de sa vie un rêve, Christophe Fostokjian l'a fait. C'est le coiffeur des plus grandes stars, il s'est installé sur l'île de Saint-Barthélemy depuis 1996, cette même île dont il rêvait enfant. Parfois, il se déplace en bateau ou en hélicoptère pour rejoindre une célébrité qui doit se rendre à une soirée ou un shooting photo sur une plage. La véritable dolce vita pour celui qui débarqua à 6 ans en France – sans parler un seul mot de français – pour fuir la guerre au Liban – et arrêta l'école à 15 ans pour se lancer dans la coiffure avant d'être repéré par Jean-Louis David à Aix-en-Provence, puis Jacques Dessange. Pour arriver à ses fins, il accepta tous les petits emplois. Christophe a le pouvoir de s'inventer mille vies. Aujourd'hui, toujours à l'écoute de sa petite voix intérieure, il est déjà en train de créer mentalement sa nouvelle vie de demain avec son corner des gourmets « Fostok ». Il a toujours su ne pas s'enfermer dans une case et rester ouvert à toute nouvelle opportunité.

Quelques philtres pour développer son intuition : suivre son instinct et trouver sa mission

Sonia Choquette, l'auteure de l'ouvrage *À l'écoute de votre sixième sens*, précise que même si nous avons l'impression que cela n'a pas de sens pour l'instant, nous devons cependant suivre notre voix intérieure. Réfléchissons moins et laissons-nous davantage aller à notre ressenti. Apprenons à capter les bonnes vibrations en restant calme et en prenant le temps : souvent, c'est en ne faisant rien que l'inspiration finit par arriver !

Pour nous aider à y voir plus clair, Sonia Choquette nous conseille également de tenir deux journaux intuitifs : l'un à garder chez nous, l'autre à emporter partout. Nous pourrons y consigner tout ce que la voix de l'intuition nous souffle au cours de la journée. Et nous verrons combien souvent elle nous indique la bonne direction à suivre, loin de ce qu'ordonnent la peur et l'ego.

Le docteur en psychologie Wayne W. Dyer évoque lui aussi le rôle particulièrement important de l'intuition dans l'existence.

Si l'on demandait à des centaines de personnes qu'elles se montrent du doigt, quatre-vingt-dix-neuf pour cent d'entre elles indiqueraient directement leur cœur et non leur tête. Votre cœur détient la clé pour résoudre tous les problèmes de votre vie[1].

Dans *Le Jour où j'ai appris à vivre*, un roman qui dénonce l'abus de nouvelles technologies au détriment des relations humaines, le coach et auteur Laurent Gounelle met en lumière les sources d'inspiration que nous pouvons trouver en nous. Selon lui, nos meilleures décisions sont celles qui viennent du cœur et non de la tête. Pour illustrer ses propos, il prend l'exemple de l'Égypte ancienne, où seuls le cœur et les intestins trouvaient la grâce auprès de ceux qui devaient

1. *Il existe une solution spirituelle à tous vos problèmes.*

s'occuper de momifier les pharaons : le cerveau, lui, était considéré comme un détritus.

N'oublions pas d'écouter la petite voix du cœur, celle qui est toujours là pour nous. À l'inverse de ce que fait le héros de l'écrivain Robert Fisher, qui, au début du roman *Le Chevalier à l'armure rouillée*, s'efforce tant de vouloir faire le bien qu'il en oublie d'apprécier sa propre vie. Un magicien finira par l'éloigner de toute « ambition de l'esprit » pour lui apprendre à se servir de « l'ambition du cœur », celle qui ne porte préjudice à personne, mais qui sert les autres… Et à travers eux la société tout entière.

Oprah Winfrey recommande de mettre de côté les distractions extérieures et de se concentrer en permanence sur sa petite voix intérieure. Elle explique que, lorsque l'on doute de quelque chose, c'est souvent l'indice qu'il ne faut pas aller dans cette direction : si l'esprit est troublé, c'est que la situation n'est pas suffisamment juste pour s'y engager. En toutes circonstances, vous devez rester fidèle à vous-même.

L'écrivain américain Neale Donald Walsch est, quant à lui, connu pour ses livres dans lesquels il transcrit ses « conversations » avec Dieu, survenues à la suite d'un accident de voiture qui provoque une crise profonde dans sa vie tant au niveau de sa santé que sur les plans privé et professionnel. L'auteur est censé recevoir des réponses de Dieu sur le principe de l'écriture automatique ou *channelling* (procédé de communication entre un être humain et une entité appartenant à une autre dimension). Dans le premier tome, vendu à des millions d'exemplaires à travers le monde, celui-ci lui souffle : *La voix intérieure est ma voix la plus forte, car c'est la plus proche de toi. C'est la voix qui te dit si tout le reste est vrai ou faux. Bien ou mal, bon ou mauvais selon tes critères.*

Dans son ouvrage *Héros*, Rhonda Byrne donne l'exemple de plusieurs entrepreneurs qui ont su écouter leur cœur et qui sont parvenus au succès. Elle met en lumière l'un de leurs points communs : ils se sont tous posé des questions et ils ont décidé de suivre leur cœur et leur intuition. Et de ces intuitions sont nées des entreprises devenues des réussites incontestables.

L'auteur Napoleon Hill affirme aussi l'importance de développer notre imagination créatrice en nous mettant à l'écoute de notre inspiration. Par exemple, commençons par écrire une idée sitôt qu'elle nous vient, en gardant une feuille et un crayon à côté de nous. Il cite, dans *Réfléchissez et devenez riche*, l'exemple du docteur Gates, qui, lui, réserve exclusivement une pièce de chez lui pour se connecter au plus près avec sa voix intérieure : il s'installe au bureau dans cette pièce, dans le noir, un petit carnet et un crayon posés devant lui, puis se concentre sur un fait précis jusqu'à ce que l'inspiration arrive.

Dans son livre *The Body Book*, l'actrice Cameron Diaz démontre, preuves scientifiques à l'appui, que notre état psychique est directement lié à la manière dont nous traitons notre corps et à la qualité de notre attention pour nous-même. Elle insiste sur le fait que nous devons écouter la voix bienveillante en nous plutôt que celle de l'ego et de la peur.

Le discours de Steve Jobs prononcé en 2005 devant les étudiants de la célèbre Université de Stanford, aux États-Unis, est une belle illustration de la suprématie du cœur sur l'intelligence. Dans son allocution, il plaide en faveur de l'audace d'entreprendre, mais aussi de l'importance d'écouter son cœur pour prendre les bonnes décisions.

— Quand j'avais 17 ans, j'ai lu une citation qui disait à peu près cela : « Si vous vivez chaque jour comme si c'était votre dernier jour, vous ferez certainement les choses bien. » Au cours des 33 dernières années, je me suis regardé chaque matin dans un miroir en me posant la question : et si aujourd'hui était le dernier jour de ma vie, est-ce que je voudrais faire ce que je vais faire aujourd'hui ? Et quand la réponse était non, je savais que je devais changer quelque chose.

L'expérience d'Anita Moorjani, une Indienne vivant à Hong Kong, est des plus incroyables. C'est une survivante de la mort : atteinte d'un cancer, lymphome hodgkinien, en phase terminale au bout de 4 ans, elle tombe dans un coma profond de 24 heures et, contre toute attente médicale, revient à la vie totalement guérie suite à une expérience de mort imminente. Elle participe depuis à des conférences dans le monde entier sur sa guérison spectaculaire, où elle explique comment accéder au potentiel illimité de guérison en écoutant sa voix intérieure et travaille également comme consultante interculturelle pour des organisations internationales. Elle a écrit plusieurs ouvrages, classés dans la liste des best-sellers du *New York Times*, qui insistent sur l'importance de l'ouverture à nos émotions et l'accueil de notre voix intérieure. Elle s'est rendu compte que chaque fois qu'elle s'était sentie mal en traversant des turbulences dans sa vie, c'est parce qu'elle avait oublié de prêter attention à son instinct en donnant du pouvoir à des sources extérieures comme peuvent l'être par exemple les médias.

Dans *Comment faire des réclamations auprès de l'univers*, l'auteure allemande Bärbel Mohr établit un plan hebdomadaire afin d'améliorer notre intuition.

Le lundi, pendant 15 minutes, commençons par lister tout ce que nous aimons chez nous. Puis méditons sur le thème : « Je m'aime inconditionnellement. »

Le mardi, prenons le temps de faire l'inventaire de tout ce qui ne nous convient pas dans notre vie et réfléchissons à la manière dont nous pouvons l'améliorer de manière créative.

Le mercredi, consacrons notre journée à la nature pendant au moins 20 minutes : prenons du temps pour l'observer et sentir sa force, qui fait aussi partie de nous.

Jeudi : faisons des choses qui nous font du bien.

Vendredi : créons-nous un rituel de « bonne énergie » d'environ cinq minutes ; prions, envoyons mentalement de la force et de la lumière à quelqu'un, mettons un symbole positif chez nous, une bougie, de la musique…

Le samedi, choisissons un sentiment que nous aimerions vivre, puis observons-le s'épanouir en nous.

Le dimanche doit être consacré au divertissement. Par exemple, souvenons-nous de nos jeux préférés enfant et testons-les à nouveau.

Enfin, rappelons ce que soulignait Mère Teresa dans l'une des prières qu'elle nous a transmises : « Nous ne pouvons guère faire de grandes choses ; seulement de petites choses avec un grand cœur. »

Il est temps de vivre la vie
que tu t'es imaginée.

Henry James

Plus qu'un but, partons à la recherche de notre mission de vie. Si nous ne la connaissons pas déjà, efforçons-nous de la découvrir. Cherchons quelle est notre raison de vivre, cet objectif qui nous soutient et qui nous motive quelles que soient les circonstances de notre existence.

Pour favoriser cette réflexion, nous pouvons nous imaginer expliquant à un nouveau-né ce qu'il doit faire pour réussir son chemin dans la vie ou nous représenter notre dernier jour sur terre avec les images qui nous feraient du bien à ce moment-là, propose la préparatrice mentale pour sportifs de haut niveau Marielle Jimenez Destefanis.

Dès aujourd'hui, conscient de nos talents, investissons-nous de la mission qui est la nôtre. Cette mission doit éclairer, guider et donner un sens à notre existence.

Entraînons-nous à choisir ce que nous voulons vraiment, à définir ce qui est bon pour nous… et à en redemander ! Que ferions-nous si nous étions sûr de réussir ? Si l'argent n'avait pas d'importance ?

Lançons-nous ! C'est aujourd'hui même, maintenant, que notre destin nous attend. Dès à présent, faisons ce que nous avons toujours eu envie de faire !

Christine Lewicki propose de lister tout ce dont nous avons toujours rêvé, surtout lorsque nous étions enfant. Nous pouvons inscrire sur notre carnet tout ce qui nous plaisait dans le passé avant que nous ne nous retrouvions submergé par les événements. Notons-y également, suggère la coach, ce que nous voudrions faire une fois que tous nos désirs matériels auraient été assouvis si nous avions gagné au Loto.

La jeune Annaëlle Chimoni était polyhandicapée et autiste, mais elle était également dotée d'une étonnante clairvoyance. Condamnée au silence, elle put s'exprimer grâce au clavier informatique et écrivit son opus *Le Livre d'Annaëlle* à l'âge de huit ans, deux ans avant son décès. Son enfermement, Annaëlle l'envisage alors comme une ultime liberté, puisqu'il lui permet de vivre si proche de Dieu. Son ouvrage fut un immense succès. Elle y parle du Talmud et de la Bible avec une érudition digne des plus grands maîtres. Plus qu'une autobiographie, c'est le témoignage d'une vérité universelle. Avant de mourir, elle demanda à ses parents que son deuxième livre soit publié le jour où elle aurait dû avoir 19 ans. Elle y écrit ces lignes, qui illustrent de manière particulière ce qu'est la mission de vie : *Un être ne naît jamais pour rien, aucune existence n'est vaine ou gratuite. Nous avons chacun un rôle à jouer, une mission à accomplir, qui ne nous est pas connue d'entrée de jeu. La première étape consiste à identifier cette mission, la seconde à la mener à bien*[1].

Hal Elrod met justement en avant l'importance d'avoir un but qui donne envie de se lever le matin. Au départ, nous pourrons commencer par un objectif très simple comme « Je vais sourire davantage pour apporter du bonheur aux personnes autour de moi ». Nous pouvons aussi décider d'un objectif beaucoup plus radical comme « Je veux devenir la meilleure version de moi-même ».

Tout l'enjeu est d'identifier votre véritable passion, celle qui vous fait vibrer, puis de la mettre tout simplement en pratique en y mettant toute votre énergie. Vivez cette décou-

1. *Le Livre inachevé.*

verte comme un jeu, vous devez vous amuser ! Demandez-vous aussi ce que vous feriez si vous étiez sûr de ne pas échouer.

L'essentiel, ce n'est pas de vivre,
c'est d'avoir une raison de vivre.

Jean Giono (*Le Moulin de Pologne*)

Ma méthode pour hiérarchiser vos objectifs

Le coach Anthony Robbins préconise, dans son manuel *Les Onze Lois de la réussite*, de prendre un quart d'heure pour faire la liste de ce que nous voulons obtenir. Sans nous brider, imaginons les lieux et les personnes qui feraient partie de notre vie, voyons-nous rayonnant de bonheur et de santé, et pensons à ce que nous ressentirons lorsque nous aurons atteint nos objectifs.

Pour n'oublier aucun domaine de notre vie, divisons nos objectifs en sous-catégories. Rhonda Byrne, par exemple, en propose cinq : santé et corps, travail, relations, désirs personnels, biens matériels.

Dans *Un mental en or*, Marielle Jimenez Destefanis conseille de lister ses objectifs un par un en répondant à plusieurs critères :

1. Notre but doit être formulé en termes positifs, sans utiliser de négation
2. Nous devons être capable d'évaluer par une situation précise le moment où notre but sera atteint
3. Faisons l'inventaire de ce qui dépend de nous et des autres pour la réussite de notre objectif

4. Soyons parfaitement conscient des bénéfices que nous pourrions tirer à ne pas voir notre objectif aboutir
5. Posons par écrit les ressources que nous allons devoir solliciter pour mener à bien notre plan

Pour nous amener dans la bonne direction, nos objectifs doivent être précis.

Ne vous dites pas par exemple, « J'aimerais avoir de la chance au travail », mais plutôt « Je vais démontrer que je mérite d'obtenir un avancement » et proposez-vous un objectif réaliste : « Je veux être chef de section cette année », souligne la psychologue et écrivain britannique BRENDA BARNABY[1].

Jack Canfield et Mark Victor Hansen, auteurs spécialisés dans les ouvrages traitant de la motivation et du succès, donnent dans leur best-seller *Bouillon de poulet pour l'âme*, un exemple pour atteindre un objectif précis :

Il prit une feuille de papier et y écrivit quatre phrases :

1. *J'aurai du succès en affaires*
2. *Je vais rencontrer 100 personnes par mois*
3. *Je vais vendre quatre systèmes téléphoniques par mois*
4. *Je vais gagner 1000 dollars par mois*

Il plaça cette feuille de papier sur le mur de son bureau, devant lui, et commença son travail.

Chacun sait ce qu'il ne veut pas. Or nous devrions plutôt nous concentrer sur ce que nous souhaitons. Imaginons notre

1. *Par-delà le secret.*

environnement comme un immense buffet sur lequel nous pourrions choisir ce que nous désirons.

En portant notre attention sur ce que nous voulons plutôt que sur ce que nous désirons éviter, l'énergie de l'attention et du désir que nous concentrons positivement va très probablement attirer vers nous ce que nous souhaitons.

Souvenez-vous : « Un objectif correctement défini est à moitié atteint », disait le seizième président des États-Unis, Abraham Lincoln…

2

Comment obtenir ce que vous souhaitez ?

Qui admirez-vous autour de vous ? Qu'est-ce qui vous fait envie ? Combien voulez-vous gagner ? Quelles sont vos passions ? À qui pouvez-vous être utile positivement ? Prenez des notes pour la dessiner peu à peu : votre vie idéale vous attend !

Mais pour y parvenir, vous pourriez commencer tout d'abord par transformer vos comportements au quotidien.

Pour cela, je trouve utile de traquer ses mauvaises manies, d'étudier les bonnes habitudes de ceux qui connaissent déjà le succès et de calquer sur eux les nouvelles routines à mettre en place dans sa vie.

Définissez un plan

Une fois que vous aurez élaboré la liste des objectifs qui vous semble être la meilleure, il me semble que vous ne devriez pas perdre une seconde pour établir un plan d'action que vous mettrez aussitôt en œuvre. Le premier pas, même s'il est souvent le plus difficile, est le plus important. Il sera le premier d'une longue série qui vous mènera vers le succès. N'oubliez pas : une série de petits pas égale un grand pas…

Ma baguette magique pour réussir ses objectifs : établir une stratégie précise

Durant ma trente-huitième année, les épreuves s'amassent dans mon existence. Ont-elles une raison d'être précise ? Prendront-elles un jour tout leur sens ? Pourrai-je reconstruire le puzzle avec les pièces qui me manquent ? En attendant, je décide de rayer l'expression « Je vais essayer » de mon vocabulaire et je la remplace par « Je fais ». Je transforme également tous mes « Je ne vais pas pouvoir le faire » en « À quelle date cela va-t-il se réaliser ? » Voilà la première étape de mon plan pour matérialiser mes rêves. Puis je liste des objectifs intermédiaires, atteignables en un à deux mois… À raison d'une étape atteinte par semaine, je dois parvenir à concrétiser mon objectif intermédiaire mensuel. Je divise également l'étape à atteindre de la semaine en un petit objectif par jour, en alternant les tâches faciles et celles qui sont plus ardues.

Premier pas : me réveiller à 5 h 30 le matin pour consacrer plus de temps à la réalisation de mes objectifs…

Tous les jours au lever, je me programme désormais :

- 10 minutes de méditation
- 10 minutes pour relire mes affirmations positives
- 10 minutes de lectures inspirantes
- 1 heure pour travailler sur mon livre

Pas de recette de vie, juste une feuille de route… Je suis en lutte contre moi-même… mais je vais gagner.

Si j'ai un conseil à vous donner, c'est donc d'amorcer le processus qui vous permettra d'atteindre vos objectifs en divisant les tâches à accomplir en sous-tâches. Ne gardez pas une vision trop globale et déstabilisante de votre projet, plongez plutôt dans chacun des détails qui sont nécessaires à sa réalisation, afin de le rendre plus concret. La montagne vous paraîtra bien moins difficile à gravir... comme elle l'est devenue pour moi.

Il n'y a pas de grande tâche difficile qui ne puisse être décomposée en petites tâches faciles, précise le docteur en génétique cellulaire, devenu moine bouddhiste tibétain et interprète français du dalaï-lama, Matthieu Ricard[1].

Anthony Robbins met en avant une méthode simple : partons de notre objectif final, puis faisons en sens inverse le parcours que nous devons faire pour y arriver. *Si vous voulez par exemple devenir financièrement indépendant, revenez peu à peu en arrière, jusqu'à ce que vous trouviez ce que vous pouvez faire aujourd'hui de positif pour arriver à vos fins, qu'il s'agisse d'ouvrir un compte épargne ou de lire un livre traitant des problèmes financiers*[2], déclare-t-il. À chacun de nos « sous-objectifs », il préconise d'attribuer des dates d'échéance précises.

L'auteur et blogueur américain influent Leo Babauta conseille de sélectionner chaque jour les trois tâches les plus importantes de la journée et de vérifier qu'au moins l'une d'elles est liée à notre objectif. Ainsi, les tâches routinières ne nous paraîtront plus si pesantes et pourront même être

1. *Plaidoyer pour le bonheur*.
2. *Pouvoir illimité*.

accomplies le cœur léger si nous les considérons comme des étapes vers le succès.

Prenons la peine de réorganiser notre emploi du temps, faisons le tri dans notre vie. Ne nous laissons pas freiner par des distractions inutiles ou submerger par les priorités des autres.

Si vous avez la chance d'avoir ce choix, évitez de gérer trop de choses simultanément. Robin S. Sharma nous invite à attribuer par exemple à chaque jour de la semaine un objectif différent dans un domaine particulier. Chaque soir, notons également tout ce que nous avons fait dans la journée, puis réfléchissons à ce que nous ferions différemment si nous en avions l'occasion. Ce peuvent être de toutes petites choses au départ, par exemple prendre le temps de petit-déjeuner avec vos enfants le matin si vous en avez ou décider de faire 15 minutes d'exercice par jour.

Enfin, inscrivons chaque semaine dans notre agenda ce que nous avons fait pour avancer vers notre but : ce sont nos « gains ».

À chaque objectif atteint, félicitons-nous et fêtons notre victoire dignement. Et n'oublions pas : à chacun d'entre eux, il est primordial d'attribuer une échéance précise.

Soyons notre meilleur ami et ne nous critiquons pas lorsque nous n'avançons pas aussi vite que nous le souhaiterions. Recensons plutôt les ressources que nous avons à notre disposition pour progresser : traits de caractère, relations, amis, argent, instruction, temps disponible, énergie, talents particuliers… Afin de vous inspirer, souvenez-vous de la manière dont vous avez déjà utilisé ces ressources par le passé pour arriver à vos fins. La coach Christine Lewicki suggère même d'envoyer un mail à cinq personnes de notre entourage pour leur demander quelles sont nos qualités essentielles, à quel moment précis elles ont pu en faire l'expérience et avec quels résultats.

Il est important de décrire très précisément la personne que nous devons être (qualités, aptitudes, système de valeurs, comportement) afin d'atteindre nos buts.

Pour nous booster, choisissons un modèle ayant réussi ce que nous voulons accomplir et analysons leurs qualités et leurs comportements. Puis imaginons qu'ils nous donnent des conseils sur la meilleure manière d'atteindre nos objectifs.

Notons aussi ce qui nous empêche d'avoir aujourd'hui ce que nous souhaitons. Pour chaque tâche à accomplir, faites l'inventaire de nos compétences. Et s'il nous semble avoir des lacunes dans certains domaines, cherchons qui dans notre entourage pourrait nous seconder. Entourons-nous de partenaires pour pouvoir avancer, bref n'hésitons pas à demander de l'aide si nous en ressentons le besoin.

Enfin, notre motivation demeure primordiale : si elle est puissante, nous finirons tôt ou tard par atteindre nos objectifs.

Notre but doit devenir véritablement obsessionnel. Écrivons-le quelque part, apprenons-le par cœur et répétons-le à haute voix pour en imprégner notre subconscient.

Il nous faudra environ 21 jours pour que les nouvelles pratiques positives qui nous mèneront au succès deviennent des habitudes.

Christine Lewicki propose un chemin en sept étapes :

1. Listons tous nos buts, du plus réaliste au plus fou, sans brider notre imagination.

2. Numérotons-les en fonction de nos priorités, le 1 étant le plus important. Gardons ensuite seulement les 12 premiers.
3. Notons en face de chaque but une action concrète à réaliser.
4. Posons-nous la question : « Que vais-je devoir changer en moi pour que la vie que je veux se réalise dans les 12 mois à venir ? »
5. Définissons une date de réalisation en face de chacun de nos objectifs.
6. Affichons-les partout autour de nous et lisons-les au moins trois fois par jour.
7. Chaque fois qu'un objectif est atteint, remplaçons-le par un nouveau.

Autre exercice suggéré par Christine Lewicki :

1. Listons les adjectifs que nous voudrions que les autres (et nous-même) utilisent à notre sujet, qu'il s'agisse de qualités effectives ou que nous aimerions acquérir.
2. Sélectionnons les trois adjectifs les plus importants à nos yeux.
3. Imaginons ce qui deviendrait possible dans notre vie si ces adjectifs définissaient ce que nous sommes.

Notre objectif doit nous être bénéfique, bien sûr, mais doit aussi profiter à notre entourage : imaginons en quoi sa réalisation aidera notre famille et nos amis : cela nous motivera encore plus à poursuivre sa concrétisation.

Quel que soit notre but, l'action nous apportera toutes les réponses que nous cherchons.

Visualisez votre futur !

Maintenant, je vais vous livrer un véritable secret de réussite : votre cerveau se comporte comme un ordinateur qui attend sagement que vous le mettiez à jour ; ce que vous désirez existe déjà, vous pouvez l'attirer à vous et le « télécharger ».

Une fois vos objectifs et votre stratégie bien établis, commencez par passer commande à l'Univers de tout ce que vous désirez. Visualisez ensuite dans le détail vos objectifs comme si vous les aviez déjà atteints et soyez très attentif aux émotions que cela suscite en vous. La grande machine de la vie va se mettre en branle pour vous conduire où vous le désirez si vous apprenez à croire en l'invisible… Ma vie tout entière en est une preuve, et, bien avant moi, de nombreuses personnalités qui ont marqué l'histoire ont appliqué la même méthode comme vous le verrez tout au long de ce livre…

Je sais, cela paraît simpliste ou trop beau… Il y a tant d'injustices chaque jour autour de nous, tant de choses qui donnent envie de hurler et de tout envoyer valser. Pourtant, je ne saurais vous dire pourquoi, ça marche ! Il existe, j'en suis sûre, des énergies qui nous dépassent et que nous devons apprendre à contrôler.

EXPÉRIENCE

J'ai 38 ans…

La plupart du temps, je balaye les pensées négatives du revers de mon optimisme maladif. Je pense à la jolie maison avec un escalier en bois de rose, une grande piscine, un miroir soleil et un fauteuil design en forme de tournesol que j'aurai un jour. Je l'ai promise à mes enfants ; je le leur ai dit, elle nous attend. Elle est accrochée dans ma chambre, en face de mon lit, chaque pièce est détaillée – j'ai découpé de nombreux magazines pour créer cette maison de nos rêves. C'est une belle maison dans le Sud, une maison de vacances où l'on entend le bruit des cigales, où l'on peut s'étendre tranquillement dans un hamac, inventer devant les champs de lavande, faire un plongeon dans la piscine et jouer de la guitare – il faut que j'apprenne quelques accords. Tous les jours, nous rêvons devant mes découpages. Mon plus jeune fils de six ans me pose des tas de questions : « Quand est-ce qu'on l'aura, notre maison ? », « Où est ma chambre ? », « Est-ce que je peux prendre le bain dans le jacuzzi qui est sous la véranda ? », « Par quelle porte entre-t-on dans le salon ? »... Un jour, nous aurons cette maison, je la leur dois. Pour toutes ces heures où ils m'ont écoutée leur raconter comme nous y serons bien.

J'ai 40 ans...

Chaque soir, les enfants et moi, nous nous installons dans mon lit et nous remercions la vie pour trois évènements qui nous sont arrivés dans la journée.
Puis je pose une question, toujours la même :
— Où est-ce qu'on part cette nuit ?
Les réponses fusent :
— À Tahiti ! À Venise ! À Londres !
Lorsque nous avons décidé de notre destination, nous ouvrons l'iPad pour contempler les photos de tout ce qu'on peut y faire : jouer dans les parcs d'attractions,

caresser les dauphins, visiter le plus grand magasin de jouets du monde, regarder le lever de soleil... Chacun part se coucher, toute la beauté du monde dans la tête... Nous nous donnons rendez-vous dans nos rêves. Le lendemain matin, nous ferons le point :
— C'était tellement génial quand on a nagé avec les tortues... Tu as vu la tête que faisait maman dans le grand 8 ?... Je n'avais jamais fait un safari aussi beau...
Ce soir nous retournerons dans tous ces pays...

Mais alors, dit Alice, si le monde n'a absolument aucun sens, qui nous empêche d'en inventer un ?

ALICE, DANS *LES AVENTURES D'ALICE AU PAYS DES MERVEILLES* (LEWIS CAROLL)

RITUEL PERSONNALISÉ POUR FAIRE DE SES DÉSIRS DES RÉALITÉS : PASSER COMMANDE EN VISUALISANT SON OBJECTIF COMME DÉJÀ ATTEINT

À chacun son rituel et ses techniques pour passer commande à l'Univers de ce qu'il désire.

En premier lieu, concentrons-nous sur notre objectif et mettons-le sur papier. Comme l'indique l'auteur Robin S. Sharma, *en mettant tes désirs et tes objectifs sur une feuille de papier, tu agites un drapeau rouge devant ton inconscient pour lui dire que cette pensée est beaucoup plus importante que les 59 999 autres. Ton esprit commencera alors à chercher toutes les occasions de réaliser ta destinée*[1].

1. *Le Moine qui vendit sa Ferrari.*

Bärbel Mohr conseille, elle, de lire nos objectifs à voix haute, dans une atmosphère chaleureuse, éclairée par une bougie, avec le son de notre musique préférée. Pour lui donner encore plus d'impact, nous pouvons ajouter : *De manière que ce soit pour le bien de tous les intéressés.*

Le plus important est que nous soyons persuadé que nos plus grands désirs sont atteignables et que nous méritons de recevoir notre « commande ». Et que nous fassions tout cela dans un esprit léger et ludique.

Attention : interdiction de jalouser ceux dont les souhaits sont exaucés plus rapidement que les nôtres ; tout vient à point à qui sait attendre.

Pour ajouter un côté plus solennel et engageant à ce rituel, Bärbel Mohr nous propose de rédiger notre demande sous forme de formulaire avec notre photo d'identité et nos informations personnelles (nom, prénom, date de naissance, adresse)…

Je commande les articles, situations et circonstances suivants :

1 /

2/

3/

4 /

Pour les choses 1/ 2/ et 4/, tu inscriras des choses dont tu es totalement convaincu qu'elles viendront de toute façon. Des choses comme « Je commande que le soleil se lève de nouveau demain matin ».

En 3/ se place alors ta véritable commande et tout ce que tu as à faire c'est de l'inscrire en écriture ordinaire, de ne pas trop réfléchir.

Afin d'éviter que par mégarde tu ne dérives dans un autre sentiment, tu écris immédiatement en 4 une commande aussi évidente qu'en 1 et en 2 et tu sens encore une fois comment tu éprouves confiance et détente. De cette façon, tu as expédié ta commande dans l'énergie optimale[1].

Passons commande en croyant au plus profond de nous-même à sa réalisation, puis attendons-la en vaquant à nos occupations habituelles. Et attention : pour attirer ce que nous désirons, il est capital que nos actions ne contredisent pas nos désirs.

Commençons par demander de petites choses à l'Univers – exemple : une orange pressée – pour vérifier à quel point la réalisation de nos désirs peut être efficace.

Luana Belmondo, elle aussi, applique la loi de l'attraction. Elle me livre : *Je visualise ma vie prochaine et je sais quelque part que cela va arriver. Cette pensée positive ne peut attirer que des effets positifs. Je l'ai maintes fois constaté. Par exemple, lorsque je travaillais sur un programme pour une grande chaîne, j'étais très malheureuse. En vacances à Antigua, dans cet endroit où je me sentais bien et qui me renvoyait de bonnes énergies, je me suis écoutée et interrogée : « Pourquoi as-tu ce nœud à l'estomac ? » À ce moment-là, j'ai visualisé mon travail parce que j'adore la cuisine et je me suis vue dans une maison d'hôtes en train de cuisiner et ça m'a vraiment fait du bien. Le nœud était parti. Je devais rentrer à Paris le lendemain, travailler trois jours après. J'ai pris mon téléphone et j'ai dit « Je ne reviendrai plus ». J'ai pris un gros risque, celui de quitter un poste très exposé*

1. *Comment faire des réclamations auprès de l'Univers.*

et de perdre mon public, mais je me suis simplement dit : « Je ne peux plus. » Par la suite, quelque chose d'extraordinaire est arrivé, exactement le travail que je voulais et pour lequel je suis libre de cuisiner mes recettes et de m'exprimer comme je le souhaitais...

Créez vous aussi votre propre tableau de visualisation, sur lequel vous collerez des images ou des dessins de tout ce que vous voulez attirer sur le plan personnel comme professionnel, ainsi que des mots qui vous font du bien comme « magique », « merci » ou encore qui définissent la personne que vous voulez être ; il vous faudra le placer à un endroit où vous le verrez tous les jours ; en le regardant, vous devrez imaginer puis éprouver vos sentiments, comme si vous aviez déjà reçu tous ces cadeaux de la vie, et ressentir une immense gratitude. Ainsi, peu à peu, vous allez vous faire une image de plus en plus claire, de ce moment où vous aurez atteint vos objectifs : imaginez ce que vous verrez, entendrez, sentirez, toucherez… Et faites comme si vos désirs étaient déjà réalisés.

Mettez tous vos sens à contribution pour imaginer ce que vous voulez. Si vous voulez voyager en Italie, imaginez l'odeur de l'huile d'olive, le goût des pâtes, imaginez qu'on vous parle en italien, que vous touchez les pierres du Colisée et sentez que vous êtes en Italie[1], recommande l'écrivain Rhonda Byrne. Vos sens doivent être impliqués. Progressivement, votre cerveau assimilera réellement cette idée, la tiendra pour votre réalité et vous le vivrez bientôt réellement.

1. *Le Secret.*

Vous devez aussi vous interroger sur ce que vous pouvez mettre en action sans attendre pour accueillir cette nouvelle réalité dans votre vie.

J'ai depuis toujours réalisé des *wishboards*, ces tableaux de visualisation de mes objectifs. Je les façonne avec des images glanées sur Internet et dans des magazines. Ces images représentent tout ce que je veux vivre. Je les ai réunies sur un même tableau accroché face à mon lit, je les ai mises aussi en fond d'écran sur mon ordinateur ainsi qu'en photo dans mon téléphone portable.

Mon tableau est rempli d'images de voyages, de magnifiques maisons, de mentors, de personnes que j'admire et avec qui je voudrais travailler ou que j'aimerais rencontrer, de dolce vita, de sourires et d'amis. Quelques années plus tard, j'ai déjà réalisé près de la moitié « dans la vraie vie » de ce que j'annonçais dans mon *wishboard*…

Je peux vous citer en exemple un magnifique mas provençal que j'avais affiché sur ce *wishboard*. Quelques années plus tard, j'ai fait la rencontre, au cours d'une soirée où je me suis rendue par hasard à la dernière minute, d'un couple adorable avec lequel j'ai noué des liens profonds. Depuis, ils m'invitent chaque été dans leur maison de vacances… qui s'avère être exactement la même que celle qui figurait sur mon *wishboard*, comme me l'a fait remarquer un jour mon plus jeune fils :

— Maman, tu as vu ? C'est la maison de Jean-Marc et Clémentine !

La vie m'a apporté simultanément la maison et les amis que j'avais « commandés ».

Mon ami musicien, Felix Sabal-Lecco, a dressé comme moi la liste de tout ce qu'il voulait obtenir dans sa vie. Depuis, conformément à son *wishboard*, il est devenu un batteur renommé et a joué notamment aux côtés de Peter Gabriel et Manu Dibango. J'ai 39 ans lorsque nous échangeons nos nouveaux *wishboards* respectifs. En regardant les images de Felix, je perçois sa vie, la vraie, celle qu'il a dans la tête pour la suite et dont je ne me doutais absolument pas, même si nous l'avions évoquée bien des fois au fil de nos discussions ; lui, de son côté, découvre la mienne.

Felix m'envoie un texto : *Ça déchire !!!* J'en ai les larmes aux yeux. Jusqu'ici, je n'avais jamais autant eu l'impression d'être comprise dans ma globalité. Il existe donc des gens sur cette terre capables de rêver, d'y croire et de mettre tout en œuvre pour réaliser leurs souhaits… J'irai rejoindre ces gens-là, je veux me tenir près d'eux, ma vie entière. Ne jamais me laisser embarquer par les pessimistes du quotidien. Je vous engage à suivre aussi cette voie, elle est tellement plus douce…

Lorsque nous demandons quelque chose, il faut réellement croire que nous l'obtiendrons. Pour que notre subconscient travaille sur notre souhait, choisissons d'en parler au présent, comme s'il était déjà réalisé.

La sage indienne Amma explique que ce n'est pas parce que nous sommes incapable de voir une chose qu'elle n'existe pas. Nous devons apprendre à croire aussi à ce qui n'est pas (encore) perceptible.

Dans le verset 29 de la Bible (Nouveau Testament, chapitre 25), l'apôtre Matthieu rappelle : *On donnera à celui qui a...*

Si vous voulez réussir un examen, imaginez que votre diplôme trône sur le mur de votre bureau. Si vous souhaitez une promotion, voyez-vous en train de serrer la main de votre patron qui vient vous féliciter, entendez-vous le remercier chaleureusement…

Le chanteur Jermaine Jackson, frère de Michael, raconte que leurs parents Katherine et Joseph leur ont enseigné la visualisation positive dès leur plus jeune âge. Par la suite, Michael Jackson a usé de plusieurs techniques pour ancrer ses visualisations. Ainsi, par exemple, avant la sortie de son album *Thriller*, il avait noté au feutre indélébile sur son miroir : *THRILLER,* 100 MILLIONS DE DISQUES VENDUS… TOUS LES SPECTACLES COMPLETS. En une seule année, *Thriller* deviendra l'album le plus vendu au monde de tous les temps…

Nous croyions tous à la visualisation positive, mais Michael a été plus loin, car il pratiquait ce à quoi il croyait : les messages sur son miroir, les mantras sur son magnétophone, le Livre Guinness des records *et tous les vœux envoyés au soleil et dans les piscines*[1], se souvient Jermaine Jackson…

Le psychothérapeute, écrivain et conférencier américain Wayne W. Dyer se souvient aussi de ses premières visualisations : *À l'époque, j'étais un jeune professeur au collège. J'avais déclaré haut et fort à mes élèves que mon livre serait publié en précisant même l'éditeur qui m'intéressait. Cette confiance en l'inconnu agit comme un aimant invisible*[2].

Malgré une enfance passée dans des orphelinats et foyers d'accueil, il surmonta les obstacles dressés sur son chemin pour concrétiser ses rêves, édita ses livres et passa une grande partie de sa vie à montrer aux autres comment s'en

1. *You Are not Alone – le vrai Michael dans les yeux de son frère.*
2. *Il existe une solution spirituelle à tous vos problèmes.*

sortir. Surnommé « le père de la motivation » par ses fans, son message principal est le suivant : chaque personne a le potentiel de vivre une vie extraordinaire. Auteur de nombreux best-sellers sur le développement personnel, Wayne W. Dyer jouit d'une renommée internationale, notamment grâce à son ouvrage *Vos zones erronées*, vendu à plus de 35 millions d'exemplaires…

Les techniques de visualisation sont également très prisées par les grands champions du monde sportif. Nombre d'entre eux ont appris à se voir en train d'effectuer le bon geste, à sentir leurs muscles se mettre en action pour adopter la bonne posture, à s'imaginer franchissant tous les obstacles, puis montant sur la première marche du podium.

C'est sur la base de cette méthode que la coach Marielle Jimenez Destefanis a ainsi mené les sportives Isabelle Blanc et Carole Montillet, respectivement l'une à la médaille d'or de snowboard en géant parallèle et l'autre à la victoire en descente de ski alpin aux Jeux olympiques d'hiver de Salt Lake City en 2002.

Qui n'a pas d'imagination n'a pas d'ailes... avait pour habitude de dire le boxeur américain Mohamed Ali, qui devint champion olympique et fut même baptisé sportif du XXe s. par la BBC. Son match à Kinshasa contre George Foreman, qu'il met K. O. à la huitième reprise, est considéré comme l'un des plus grands combats de tous les temps… On dit qu'il aurait offert sa première médaille olympique à un professeur de lycée qui lui a dit un jour : « Vous ne serez jamais quelqu'un. »

Ma prescription pour vous est donc la suivante : créez une image précise de ce que vous voulez être, un nouveau

« vous » en quelque sorte, dans la peau duquel vous allez rentrer peu à peu, tel un acteur.

Le leader du groupe U2, Bono, parle de son admiration pour Nelson Mandela, un homme selon lui capable de percevoir et de ressentir le futur en marche. Celui qui aurait eu mille raisons de déplorer tout ce qu'il avait perdu a toujours préféré se tourner vers l'avenir, une sorte de « futur antériorisé » en lequel il avait pleinement confiance.

Je m'intéresse à l'avenir, car c'est là que j'ai décidé de passer le restant de mes jours, déclare le réalisateur WOODY ALLEN…

Pour nous aider à intégrer la visualisation positive dans notre existence, Anthony Robbins enseigne comment se souvenir d'un moment important où nous avons réussi quelque chose : les yeux fermés, imprimons cette image en nous ; notons de quel côté nous la plaçons dans notre espace mental. À gauche, à droite, en haut ou en bas ? Ressentons les sons et sensations que cette image nous procure. Puis représentons-nous nos objectifs et donnons-leur la même place, le même éclat, la même couleur que cette image.

Nous pouvons également nous remémorer les mots qui ont eu un écho fort chez nous : par exemple ceux de nos parents, de nos professeurs ou le discours de personnalités inspirantes comme Martin Luther King et son célèbre *J'ai fait un rêve.*

Anthony Robbins nous propose d'imaginer quelle serait notre journée idéale :

Qui serait à vos côtés ? Que feriez-vous ? Comment commenceriez-vous cette journée ? Où iriez-vous ? Où voulez-vous être, dans les bois, au bord de la mer, dans un bureau ? De quoi avez-vous besoin ? De papier à dessin, de peinture, d'un ordinateur, téléphone, d'une chaîne hi-fi[1] *?*

Avant de nous endormir, prenons également l'habitude de penser positivement à notre « commande » en nous représentant ce souhait par le biais d'images en mouvement, des scènes animées que nous vivons pleinement…

Une autre technique pour nous aider à visualiser de façon efficace peut également être de nous identifier à une image ou un symbole qui exprime pour nous la réussite.

Par-dessus tout, ressentons pleinement les émotions positives que nous éprouverons lorsque nous aurons accompli nos désirs. Notre subconscient est en effet plus sensible à l'émotion qu'à la raison. Il est plus facilement suggestionnable lorsque nous ressentons les choses que lorsque nous les analysons. Nous pourrions ainsi par exemple nous écrire une lettre du futur en y expliquant précisément tout ce que nous sommes devenus et ce que nous avons accompli.

Pour le physicien Vadim Zeland, il existe un « espace des variantes », c'est-à-dire un champ infini comprenant l'ensemble des variantes de tous les événements susceptibles de se produire. Alors, à nous de choisir la bonne fréquence qui nous correspond. C'est comme si nous marchions dans un grand supermarché où tout était disponible en rayons. Il nous suffit de sélectionner nos produits préférés. Demandons la réalisation de nos objectifs sans penser aux moyens par lesquels cela va nous arriver. Ne nous en préoccupons pas. Nous devons simplement nous concentrer sur notre objectif.

1. *Pouvoir illimité.*

Vadim Zeland précise les conditions d'une visualisation optimale :

- Adaptons les images que nous visualisons en fonction de notre réceptivité : sommes-nous plutôt sensible aux images visuelles, aux sons ou aux sensations ?
- Faisons passer de l'énergie positive en nous concentrant sur ce que nous voulons et ne pensons pas à ce que nous ne voulons pas.
- Lâchons prise juste après notre « commande ».

Il nous invite également à pratiquer l'exercice du *frame* : nous devons avoir une image très précise de ce que nous ferons lorsque notre but sera atteint. Ensuite, donnons un nom à cette image et gardons-la présente à l'esprit au cours de la journée.

Imaginons que vous êtes assis dans un fauteuil à bascule devant votre cheminée, ou debout aux commandes de votre voilier, ou en train de planter des roses dans votre jardin, ou encore que vous serrez la main de vos partenaires après avoir conclu une bonne affaire – n'importe quel épisode qui caractérise votre cliché[1].

Nous pouvons aussi aller plus loin avec la technique de l'« onde explosive » : lorsque nous avons l'image bien en tête, imaginons une sphère s'éloigner rapidement de nous dans tous les sens *comme si [notre] enveloppe énergétique explosait. L'onde explosive se disperse aussi loin que [nous pouvons] l'imaginer. [Nous pouvons] l'effectuer à plusieurs reprises, jusqu'à ce que [nous en ayons] assez. Que se passe-t-il à cet instant ? [Nous créons] une image mentale et [l'envoyons] dans le monde extérieur.*

1. *Transurfing 5 – Les pommes tombent dans le ciel.*

En parallèle, il est essentiel de diminuer l'enjeu que nous conférons aux choses. Ne songeons ni à l'échec ni au succès, mais avançons petit à petit, à notre rythme, vers notre but.

C'est à l'âge de dix ans
que j'ai gagné Wimbledon
pour la première fois… dans ma tête.

ANDRE AGASSI

3

Concentrez-vous sur votre réussite...

Ne laissons plus une seule seconde la vie nous séparer de nos rêves ! Comme vous l'avez vu au travers de mon histoire, le jour où j'ai décidé d'arrêter de me « saboter » moi-même, j'ai aussi décidé de dire non à la procrastination. Vous savez, cette petite voix qui vous souffle à l'oreille « Je commence demain, aujourd'hui je n'en ai pas envie »... C'est notre ennemi numéro 1. Si vous êtes persévérant, vous trouverez le moyen de changer votre vie et de l'orienter dans le sens que vous souhaitez. La volonté et la ténacité sont essentiels pour atteindre vos objectifs. En fait, il suffit de vouloir... mais de vouloir vraiment.

Soyons patient et tenace

C'est sûr, il nous faudra une bonne dose d'enthousiasme et de détermination pour ouvrir toutes les portes jusqu'au Graal, LA bonne porte, celle qui nous correspond en tous points… Aussi, lorsque nous prenons une décision, quelle qu'elle soit, faisons tout notre possible pour la mettre en application. Car en cours de route, des obstacles imprévus se présenteront inévitablement. L'Univers va nous mettre à l'épreuve : des personnes bien intentionnées tenteront de saper notre enthousiasme et de nous convaincre de retourner à notre vie d'avant, des difficultés imprévues surgiront, des retards se produiront... Gardons le cap ! Ne nous décourageons pas, ne regardons pas en arrière (sauf à nous féliciter du chemin parcouru), et le succès très certainement sera au rendez-vous. Pour cela, ne présumons pas de nos forces, mais anticipons plutôt les imprévus en calculant des timings larges. Récompensons-nous à chaque petite étape et notons nos progrès sur un cahier. Cela renforcera notre résolution. Et surtout, soyons convaincu que notre but est totalement justifié et atteignable. Si d'autres ont réussi, nous pouvons atteindre le succès ! Le second secret est là : n'abandonnons jamais.

EXPÉRIENCE

Fais ce que tu veux, mais fais-le bien. Ce conseil que le musicien et chanteur français Thomas Dutronc m'a glissé au détour d'une interview résonne encore aujourd'hui à mes oreilles. Il lui vient de ses parents. Je mesure combien il est formidable de partir dans la vie avec cette maxime, qui vous dynamise et vous autorise à vous envoler.

Je n'ai pas toujours pris des risques et affronté la vie sans trembler. Avant de dépasser ma peur de réussir, j'ai été une jeune femme timide, manquant de confiance en elle et décidée à ne pas faire de bruit. Lorsque j'étais toute petite, j'avais peur du regard des autres. Craignant la jalousie que je pouvais susciter et à laquelle j'avais été confrontée dans mon enfance, je cherchais à m'effacer et à satisfaire les désirs des autres au détriment des miens. En restant sagement à ma place, pensais-je, au moins ne susciterais-je pas d'inimitiés... Sans le savoir, je me mettais en réalité des bâtons dans les roues. Heureusement, mon métier de journaliste me mit en contact avec des gens brillants, originaux, inventifs, qui n'avaient pas peur de penser et de vivre différemment. À force de les fréquenter, j'ai réalisé que, contrairement à moi, elles s'autorisaient à profiter de l'instant sans culpabilité, elles prenaient sans hésiter des risques professionnels et s'imposaient moins de contraintes que moi. Elles réussissaient à préserver cette part d'enfance pour laquelle tout est possible. Ce qui me limitait n'était-il alors pas finalement ma propre peur de réussir ? En réalisant que moi aussi j'avais le droit de me sentir épanouie et heureuse, j'ai alors décidé de m'autoriser à prendre la première place. J'en avais non seulement le droit, mais aussi le devoir. Je pris conscience que mon succès n'enlèverait rien à personne, au contraire, qu'il rendrait plus heureux les gens autour de moi. Je me suis alors promis de réaliser mes objectifs de manière stratégique. Je mis en place un plan d'action en réservant des jours dans ma semaine pour effectuer une tâche précise qui me permettrait d'atteindre méthodiquement chacun de mes buts. En fixant une date à la réussite de mes objectifs, je savais précisément où j'en étais. Peu à peu, j'ai reconsidéré ma vision de l'« échec » et suis devenue plus tenace et plus déterminée. J'ai également arrêté de prendre un non pour une porte définitivement fermée... Qui sait ce que nous réserve l'avenir ? Enfin, je me suis appuyée sur plusieurs rituels que je vous livre ci-dessous.

Mes rituels de protection pour garder le cap : un échec ne signifie pas la fin du parcours, soyons patient…

Gardons la niaque, l'enthousiasme et fonçons.

La chose importante à garder en tête est qu'il ne faut jamais attendre une minute pour commencer à changer le monde, écrivait la jeune adolescente allemande juive, victime de la Shoah, Anne Frank, dans son journal.

Une fois nos priorités bien définies, notre visualisation positive en place, concentrons-y toute notre énergie.

Rappelez-vous, le premier pas vers la réussite, c'est le désir de réussir. De notre volonté dépend notre destin[1], nous dit le diplomate indien Vikas Swarup. Prix Grand Public du Salon du livre de Paris 2007, son premier roman, écrit en deux mois, *Les Fabuleuses Aventures d'un Indien malchanceux qui devient millionnaire*, est devenu un best-seller traduit dans 43 langues avant d'être adapté au cinéma sous le titre *Slumdog Millionaire*. Réalisé par Danny Boyle, le film a raflé plus de 70 prix, dont huit Oscars comprenant celui du meilleur film.

Il semblerait que le bonheur soit dans l'action, car elle permet de mettre de côté tout sentiment de culpabilité. À force de prendre notre courage à deux mains et de mettre tout en œuvre pour réaliser nos désirs, nos peurs s'éloigneront. Alors, mettons de côté nos doutes et nos réserves et agissons !

---

1. *Pour quelques milliards et une roupie.*

On voit à la démarche de chacun
s'il a trouvé sa route. L'homme qui s'approche
du but ne marche plus, il danse...

FRIEDRICH NIETZSCHE

Avançons sans nous retourner : il n'est nul échec susceptible de pouvoir nous arrêter. De tout temps, de nombreux écrivains, artistes ou hommes d'affaires ont choisi d'avoir une vision positive de l'« échec », considéré comme un tremplin plutôt que comme une fin. L'écrivain Boris Vian fait ainsi dire à ses personnages :

— *J'ai le sentiment que toute ma vie dépend de cet instant précis. Si je le rate...*

— *Moi je pense le contraire. Si on rate ce moment, on essaie celui d'après, et si on échoue on recommence l'instant suivant. On a toute la vie pour réussir*[1].

Oprah Winfrey pratique elle aussi l'attitude mentale qui consiste à rester déterminé envers et contre tout, et ce, en dépit des difficultés que l'on peut connaître. Enfant, elle fut cruellement moquée des autres : d'origine très modeste, elle portait des robes faites de sacs de pommes de terre. À l'âge de neuf ans, elle fut violée à de multiples reprises. À 14 ans, elle donna naissance à un bébé qui mourut peu de temps après. En dépit de ces traumatismes, elle devint une brillante élève et finit par remporter un concours d'éloquence qui lui permit de décrocher une bourse ainsi qu'un emploi dans une station de radio. Oprah reste pour moi un incomparable exemple de volonté et d'opiniâtreté. Dans son livre très inspirant, *Ce dont je suis certaine*, cette productrice de télévision, qui a connu une extraordinaire carrière loin de son enfance

1. *L'Écume des jours.*

misérable, évoque l'une des plus grandes leçons qu'elle ait apprises de la vie : ce qui ressemble à un passage sombre de l'existence est souvent l'indication qu'il existe une nouvelle direction à suivre. Il s'agit de rester attentif aux opportunités qui se présentent.

Si nous devons affronter des passages difficiles dans notre vie, prenons le temps de faire un pas de côté et demandons-nous quelle est la leçon que la vie essaie de nous apprendre pour nous permettre d'évoluer dans le bon sens. Prenons aussi exemple sur l'écrivain Robin S. Sharma, un ancien avocat qui, travaillant 80 heures par semaine avec le sentiment de passer à côté de sa vie, a tout quitté pour écrire *La Sagesse du moine qui vendit sa Ferrari*, un livre qui s'est vendu à des millions d'exemplaires. Il insiste sur le fait que souvent, juste avant d'obtenir un succès ou une victoire, la personne fait face à une épreuve ou une difficulté inattendue. Des obstacles se produisent, des retards interviennent, des imprévus arrivent... C'est précisément à ce moment-là qu'il faut garder le cap et continuer à y croire en ne lâchant jamais son objectif de vue.

Steve Jobs, fondateur d'Apple, est un enfant adopté devenu l'un des plus brillants inventeurs de l'histoire. Il est la représentation même de ce que volonté et persistance finissent par accomplir. Dans ses conférences, il a souvent mis l'accent sur l'ingrédient indispensable pour atteindre n'importe quel objectif : selon lui, la clé de la réussite réside dans la persévérance de chacun. Alors, même si nous pensons qu'un mur est trop haut pour nous, ne perdons pas une seconde pour commencer à l'escalader… et parfois, plus simplement, à le contourner !

Le docteur Mel Gill, un éminent psychologue qui conseille les plus grands entrepreneurs américains, souligne lui aussi que la ténacité est le point commun de tous ceux qui ont réussi.

Quant au chef d'État et Prix Nobel de la paix Nelson Mandela, il explique dans ses mémoires *Conversations avec moi-même* à quel point le fait de se fixer des buts et des objectifs et (autant que possible) de ne pas en dévier, est déterminant dans la réussite d'une existence. Comment ne pas croire en la sagesse d'un homme qui a passé 27 ans en prison avant de devenir le premier président noir de l'Afrique du Sud ?...

L'auteur et coach américain le plus lu, Napoleon Hill, qui a consacré sa vie à étudier comment certaines personnes atteignent la réussite, souligne que nous échouons généralement à concrétiser nos objectifs non parce que ceux-ci sont trop ambitieux, mais parce que nous nous décourageons trop facilement devant les obstacles. Face à la première défaite, nous la considérons définitive et nous jetons l'éponge. Or bien souvent le succès arrive après avoir subi plusieurs échecs.

Ne jamais considérer un refus ou un non comme définitif. Telle est la maxime d'Anthony Robbins, le célèbre coach américain, qui explique que les épreuves ne constituent que des obstacles à franchir jusqu'au succès et sont donc, bien souvent, de nouvelles opportunités pour évoluer. C'est ce qu'il a lui-même mis en application quand, à l'époque, il se trouvait trop gros, avait du mal à communiquer avec les autres, faisait la vaisselle dans la baignoire de son petit appartement et se sentait profondément malheureux... Avant de décider de se donner les moyens de ses ambitions et de devenir l'un des plus grands consultants internationaux !

Dans la vie, nous ne perdons jamais : nous apprenons. La seule tâche qui nous incombe, c'est de faire de notre mieux en permanence. Il ne faut jamais lâcher. La constance dans nos actions et dans nos efforts nous mènera à la victoire finale. Anthony Robbins explique qu'en lisant les biographies des personnes qui ont connu la réussite, on s'aperçoit qu'il existe un trait de caractère commun à tous : rien ni personne ne peut les arrêter. Il insiste également sur l'importance de surveiller notre vocabulaire. Évitons les mots issus d'un jugement (« meilleur », « pire », « bon », « mauvais », etc.) et les « pourquoi » (qui impliquent des justifications). Les mots à privilégier sont plutôt « comment » et « de quelle manière » (qui sous-entendent de trouver des moyens pour évoluer).

Si vous pensez ne pas être capable de faire quelque chose, posez-vous la question de savoir ce qui se passerait si vous le faisiez. Créez une image mentale des résultats auxquels vous pourriez parvenir si vous osiez vous dépasser. Vous identifierez de cette manière vos blocages et donc ce qu'il vous faut modifier en vous. Dans son ouvrage *Pouvoir illimité*, le coach suggère une méthode pour parvenir à modifier son comportement et nous conduire au succès :

1. Représentons-nous l'image de la conduite que nous voulons changer (exemple : arrêter de grignoter).
2. Imaginons le résultat que nous souhaitons obtenir et les changements désirés (exemple : une perte de poids et une silhouette modifiée).
3. Dans notre esprit, l'image de la conduite à modifier doit être lumineuse. En bas à droite se trouve une petite image, assez sombre, de l'attitude que nous voulons adopter

à la place. Tout en regardant cette petite image sombre, augmentons vivement sa luminosité et agrandissons-la pour qu'elle submerge l'autre image que nous ne voulons plus. Disons « ouf » à voix haute.

4. Répétons cette opération six fois.

Christine Lewicki propose elle aussi une méthode efficace pour retrouver motivation et détermination : imaginer nos frustrations et nos difficultés comme de simples nuages gris, de brèves perturbations à traverser, comme on le ferait à bord d'un avion en bouclant sa ceinture de sécurité.

Vadim Zeland présente un modèle de l'Univers qui réunit éléments de la physique quantique avec théories des univers parallèles. Il explique que le désir puissant d'obtenir quelque chose rend souvent le but difficile à atteindre. Son remède consiste à établir des objectifs en leur associant un détachement émotionnel : il s'agit avant tout de réduire l'importance de nos problèmes pour les résoudre plus aisément.

Dans les moments où nous doutons, il faut apprendre à concentrer notre esprit sur la prochaine étape à franchir plutôt que sur l'objectif final. Cela nous permettra de réduire notre stress : un pas devant l'autre, et petit à petit nous allons y arriver !

À 20 ans, le jeune Hal Elrod est heurté à plus de 100 km/h par un conducteur ivre qui roule à contresens sur l'autoroute. Son cœur s'arrête de battre pendant six minutes. Et les médecins lui annoncent qu'il ne pourra jamais plus marcher. Aujourd'hui, non seulement il marche, mais il court et participe même à des ultramarathons aux États-Unis. À 35 ans, c'est une star du développement personnel. Il déclare être arrivé à se sortir des bourbiers les plus complexes : son terrible accident, ses gros problèmes financiers, sa dépression. Il reste pour moi un exemple de résilience et de combativité à suivre.

Le docteur en psychologie Wayne W. Dyer le répète dans tous ses livres, qui se vendent chacun à des millions d'exemplaires : si nous voulons profondément quelque chose, nous l'obtiendrons. À condition de ne jamais désespérer et de toujours garder les yeux fixés sur notre objectif tout en agissant comme s'il nous était impossible d'échouer.

Avant tout, je vous propose de travailler sur votre motivation, c'est l'une des clés importantes de la réussite.

Lorsque j'ai décidé de reprendre ma vie en main, de sortir de mon cocon et de prendre le risque de vivre la vie que je voulais, j'étais mariée, j'avais un bon job, une vie confortable, une sécurité matérielle, et mon entourage ne voyait pas d'un bon œil cette envie de changement. Inutile de compter sur l'appui de mes proches : je devais faire face seule. Pour ne pas me laisser décourager et continuer à rester motivée, j'ai décidé de m'entourer de plusieurs « modèles positifs », des personnes dont j'admirais la vie et que je trouvais inspirantes (Nelson Mandela, sœur Emmanuelle, Gandhi, mais aussi Jackie Kennedy, Brigitte Bardot ou Julia Roberts !)... Chaque fois que j'étais confrontée à une difficulté, je les utilisais comme mentors en les appelant à l'aide et en leur « posant des questions » mentalement. Et l'inspiration qu'ils suscitaient en moi me permettait de trouver des réponses à mes problèmes.

L'auteure Liz Murray est une ancienne SDF devenue diplômée d'Harvard. Orpheline à 16 ans d'une mère séropositive, placée dans un foyer, elle a dormi dans les souterrains du métro new-yorkais, vivant de petits boulots tout en trouvant le moyen d'aller suivre des cours du soir dans un petit établissement local. Elle explique que, pour maintenir sa motivation au plus haut, elle s'imaginait être une coureuse, qu'elle visualisait franchissant tous les obstacles et la ligne d'arrivée.

Ceux qui manquent d'énergie manquent en réalité d'une vision motivante de l'avenir qui leur donne envie d'avancer. Notre but ultime doit, comme un phare en pleine tempête, continuer à nous guider sur la bonne route. Gardons toujours en tête la joie que nous procure le fait de nous en rapprocher petit à petit.

Nous devons apprendre à transformer la frustration en motivation pour accomplir de vrais miracles. La détermination a raison de tous les obstacles. La notion d'enthousiasme est indispensable à toute réussite et nous devrions adopter dès que possible les attitudes des personnes enthousiastes : parler vite et fort, articuler, appuyer sur certains mots, sourire…

La coach Christine Lewicki, elle, pour se motiver encore plus, a choisi de se lancer régulièrement de nouveaux challenges en tous genres, de *21 jours en buvant un jus de légumes verts par jour* à *21 jours d'abdos au pied du lit* en passant par *21 jours en me levant tôt.* Elle utilise également la méthode de la déclaration : il s'agit d'annoncer publiquement à notre entourage ce qui va se produire selon nous dans notre vie. C'est une façon de montrer aux autres que nous nous voyons différemment de ce que nous sommes aujourd'hui et, par là même, de changer le regard des autres sur nous.

Le Manuel du milliardaire, best-seller de Dallys-Tom Medali, regorge également de conseils précieux pour penser plus haut et voir plus grand. L'auteur explique qu'il faut décider de prendre le contrôle de son existence au lieu de se mettre en « pilote automatique » : prendre sa vie en main, c'est devenir conscient de ses capacités infinies et déplacer les limites qui, au fond, n'existent que dans la tête.

Hal Elrod propose de se créer un « système de responsabilités » où nous faisons part de nos succès et de nos avancées à quelqu'un : un ami, une personne de notre famille, un coach ou un mentor. Trouvons notre « partenaire de responsabilités ». Cette personne avec laquelle nous partagerons nos progrès pourra nous motiver encore plus, et qui sait faire elle aussi la même expérience afin de transformer sa propre existence.

Rester motivé et persister en dépit des conditions adverses est parfois un parcours du combattant. Mais le jeu en vaut la chandelle. Le footballeur suédois Zlatan Ibrahimović a évoqué son succès planétaire que seule une ténacité de chaque instant lui a permis d'obtenir. Il se souvient des longs entraînements qu'il lui a fallu suivre, qu'il pleuve ou qu'il vente…

Et s'il vous faut une dernière source d'inspiration, sachez que Napoléon Bonaparte lui-même n'hésitait pas à affirmer : *Brûlez les ponts derrière vous et voyez comme vous travaillez bien quand vous ne pouvez pas reculer.*

La patience est l'une des ressources les plus importantes dont nous avons besoin pour nous accompagner dans ce voyage vers la réussite. Certes, il n'est pas toujours facile de savoir rester motivé quand rien ne se passe et que nos objectifs ne se sont pas encore réalisés. Ne nous décourageons pas. Comme le souligne le chanteur Charles Aznavour : *Tout vient à point à qui sait attendre,* selon le proverbe. Il a longtemps analysé ses « handicaps » : sa voix, sa taille, ses gestes, son soi-disant manque de culture et de personnalité. Si tout le monde à l'époque lui déconseillait de chanter, il a pourtant tracé son chemin sans tenir compte de ses nombreux détracteurs. Celui qui a vendu plus de 180 millions de disques dans le monde a longtemps essuyé d'acerbes critiques du public, tant sur sa voix que sur son physique.

Les plus grandes réussites demandent souvent du temps. Lorsque moi-même, j'ai décidé de changer mon existence, vers l'âge de 30 ans, j'ai commencé tout d'abord à pratiquer la patience, cette qualité fondamentale, étant consciente que rien de durable ne pouvait prendre place sans elle. Je me répétais en boucle la phrase de l'actrice et écrivain américaine Shirley MacLaine : *Le talent n'est rien d'autre que de la sueur*[1]. Je m'étais aussi fabriqué la liste de personnalités inspirantes dont je vous ai parlé : Abraham Lincoln, Nelson Mandela, Gandhi, sœur Emmanuelle, Albert Einstein, Steve Jobs, Oscar Wilde, Brigitte Bardot, Julia Roberts, Audrey Hepburn, Jackie Kennedy... Je réalisais combien chacune avait dû faire preuve de patience et de détermination pour atteindre ses objectifs. D'ailleurs, toutes les personnes que je trouve motivantes et qui représentent pour moi une source d'inspiration semblent déployer au quotidien cette qualité.

1. *Amour et lumière.*

Parfois, elle devient vitale, comme en témoigne la politicienne franco-colombienne Íngrid Betancourt, qui raconte sa captivité de plus de six ans aux mains des FARC dans la jungle amazonienne : *Il fallait être patient, attendre, pour que la raison d'être des choses devienne visible. Avec le temps les événements prenaient place dans une certaine logique et sortaient du chaos*[1].

L'une de mes sources de motivation est le chanteur irlandais Bono, célèbre leader de U2. Plus jeune, je trouvais tellement branché de dire que j'aimais ce groupe : j'avoue être allée à leurs concerts uniquement pour y suivre tous les jeunes adolescents masculins de ma classe. Ce n'est que des années plus tard que j'ai compris la portée du message de ce groupe. Paul David Hewson, devenu le fameux Bono, raconte combien patience et détermination lui ont été nécessaires pour avancer. À 14 ans, il perd sa mère, qui fait une attaque cérébrale à l'enterrement de son propre père. Son adolescence, Bono la vit comme une grande période de révolte jusqu'à ce qu'il comprenne peu à peu que la musique, en changeant les gens, peut changer le monde. L'acharnement fait partie des qualités premières qui lui ouvrent les portes.

Sœur Emmanuelle elle-même, qui figure en bonne place dans mon palmarès de personnalités inspirantes, met l'accent sur l'importance de la persévérance : il faut avancer sans jamais perdre de vue son but. Elle estime elle-même ne l'avoir atteint véritablement qu'à l'âge de 60 ans.

Accrochons-nous et ne baissons pas les bras. Nous vérifierons ainsi la véracité de l'adage de Paulo Coelho : *Ne*

1. *Même le silence a une fin.*

vous découragez pas, car c'est souvent la dernière clé du trousseau qui ouvre la porte[1]. En effet, tout changement majeur débute d'abord par de petites évolutions, bien loin d'être anodines.

Quoi qu'il advienne, restons ouverts à l'imprévu et faisons tout notre possible pour le transformer en évènement positif. Adaptons nos plans aux situations qui se présentent et ne laissons pas passer notre chance. Restons à l'écoute. En un mot, soyons RÉACTIFS !

Puisqu'on ne peut pas changer la direction du vent, il faut apprendre à orienter les voiles.

JAMES DEAN

Faisons de l'imprévu notre ami

Dans ce chemin qui nous mène à la réalisation de nos objectifs et de notre plus haut potentiel, je vous invite à demeurer attentif aux petits signes que la vie nous envoie. Ces petits clins d'œil s'expriment souvent par le biais de rencontres, d'évènements inattendus, de synchronicités... C'est lorsque moi-même j'ai décidé de lâcher prise et de faire confiance que la vie s'est mise à me répondre, et ce, de manière parfois spectaculaire. Je rencontre fréquemment les bonnes personnes au bon moment, et souvent les situations se retournent en ma faveur.

Ainsi, par exemple, en 2016, les chaînes pour lesquelles je travaillais à Paris sont délocalisées au Luxembourg. Que faire ? Au sein du groupe audiovisuel dans lequel je cherche

1. *Le Manuscrit retrouvé.*

à me repositionner, il y a bien une chaîne d'information à laquelle je souhaiterais apporter ma contribution. Mais la directrice des ressources humaines m'a déjà signifié qu'il n'y avait pas de place pour moi. En dépit de ces nouvelles peu engageantes, et forte de tout ce que la vie m'a enseigné, je décide de ne pas me décourager : l'Univers trouvera bien un moyen de m'aider à réaliser ce projet. Trois mois plus tard, je rencontre fortuitement une personne adorable qui s'occupe d'une association agissant pour la prévention des maladies cardio-vasculaires. Nous devenons amies. Elle décide un jour de me donner rendez-vous sur son lieu de travail... qui se situe précisément dans les locaux de la directrice des ressources humaines que j'avais rencontrée trois mois auparavant. En pénétrant dans son bureau, je réalise que ma nouvelle amie, Isabelle, n'est autre que la mère des enfants d'un président directeur général, celui du groupe pour lequel j'avais postulé sans succès. Rapidement, elle me propose une collaboration sur des projets positifs qui m'intéressent... Alors, hasard ou bien synchronicité générée par mon alignement sur les « bonnes fréquences » ?

Restons ouvert et confiant, même quand nous n'imaginons pas encore comment les évènements que nous souhaitons peuvent se produire. Le monde tourne et nous devons nous accrocher pour tourner avec ! Pour cela, faisons preuve de souplesse et d'adaptabilité et ayons confiance en nos intuitions.

Et rappelons-nous que l'impermanence fait partie de la vie. Alors, tout ce que nous pouvons faire pour rendre heureux ceux qui nous entourent, faisons-le dans l'instant. Ne laissons jamais passer une opportunité qui pourrait ne pas se représenter !

Comment développer sa capacité de réactivité face aux événements imprévisibles : anticipons et saisissons les opporutunités quand elles se présentent

D'abord et avant tout, il est selon moi essentiel de se préparer à ce que des opportunités se produisent et auxquelles nous n'avions pas pensé. Déjà, le savant Louis Pasteur le soulignait : *Le hasard ne favorise que les esprits préparés*[1].

Pour évoluer dans le bon sens, il faut non seulement accueillir mais aussi initier le changement. C'est aussi ce que m'a dit le célèbre entraîneur de la championne de natation Laure Manaudou, Philippe Lucas, lorsque je l'ai interviewé pour l'un de mes livres, *Qu'est-ce que réussir sa vie ?* : il faut toujours anticiper et avoir deux coups d'avance. Grâce à son soutien et à sa technique, Laure Manaudou a remporté 3 médailles olympiques, 6 mondiales et 13 européennes. Comme elle, préparons-nous donc à l'imprévisible !

L'anticipation est l'un de nos alliés les plus précieux. Restons prêts et vigilants quelles que soient les circonstances. Richard Branson, directeur de nombreuses entreprises, est un adepte de la préparation et de l'anticipation quoi qu'il arrive. Il livre les clés de son succès : ne jamais attendre une crise pour évaluer tous les risques encourus, car, pour augmenter vos chances de réussite, votre réactivité doit être maximale ! Deepak Chopra nous invite d'ailleurs à pratiquer un exercice simple qui nous permettra d'anticiper les évènements à venir : visualisons notre vie comme s'il s'agissait d'un film qui commencerait aujourd'hui et évoluerait dans le futur en exauçant tous nos souhaits.

1. Discours prononcé en 1854 à l'Université de Lille.

J'ai 42 ans…

Rester ouverte aux imprévus de la vie, me tenir disponible à l'inattendu, prévoir en même temps plusieurs options... Tout cela m'a permis de vivre plusieurs rêves. Dont celui-ci : je veux depuis longtemps rencontrer Deepak Chopra (je suis férue des livres de développement personnel et j'ai lu tous les livres de cet auteur que je considère comme une grande source d'inspiration) et je n'ai aucun doute que la vie nous fera un jour nous croiser... même si je ne sais pas comment. Un jour, j'apprends qu'il fait une tournée promotionnelle en France. Le « hasard » fait qu'une amie, Carole, me présente Jérôme, son producteur qui m'invite à sa conférence, puis me propose de l'interviewer. Dans la foulée, j'obtiens également un entretien avec Arun Gandhi (petit-fils de Gandhi), Marianne Williamson, citée par Nelson Mandela pour son discours d'investiture à la présidence d'Afrique du Sud, et Anita Moorjani, qui sont tous reliés à Deepak. Voilà la magie de la vie lorsqu'on s'ouvre à ses possibilités !

J'ai 39 ans…

S'exercer à saisir les occasions qui passent devant nous est efficace et ça peut rapporter gros ! C'est en tout cas ce que je m'attelle à mettre en œuvre tous les jours... Et la vie me répond souvent par des cadeaux merveilleux. Flash-back : nous sommes en 2010. À l'époque, je travaille à la direction des magazines d'un grand groupe de chaînes de télévision, mais je ne suis pas heureuse. Trop de stress, de compétition, trop de tout... Je décide de renouer avec le terrain et redevenir journaliste un moment. Je quitte donc mon poste, presque sur un coup de tête. Brusquement, mon téléphone ne sonne plus, je n'intéresse plus personne. Il m'est difficile de trouver des piges de journaliste à réaliser, car désormais les magazines en demandent toujours plus et veulent des exclusivités. Comment faire ? Un soir, dans un cocktail organisé par un ami, je discute avec Romane, une pétillante jeune femme blonde. Je lui raconte en riant l'une des dernières bêtises de mon fiston de quatre ans. À son tour, elle me parle de son fils du même âge. Le courant passe, à tel point que nous ne nous quittons pas de la soirée et qu'elle m'invite chez elle quelques jours après. Je découvre alors une magnifique maison en banlieue parisienne. Surprise : son mari n'est autre que le célèbre chanteur Renaud. Celui-ci me propose de rester dîner avec eux. Nous sympathisons, et lui qui ne veut plus parler à aucun journaliste acceptera avec beaucoup de douceur et de générosité de se confier à moi ; avec son autorisation, je tiens enfin mon article ! Ce sera ce qu'on appelle une « exclu »... Et je n'oublierai jamais la gentillesse et la bienveillance de Romane et Renaud, dont l'amitié m'honore encore aujourd'hui.

Je ne crois pas en la chance. Je crois que chacun rencontre dans son existence un grand nombre d'opportunités en tous genres, et que certains savent les repérer et les saisir, d'autres pas[1]. L'auteur et coach Laurent Gounelle le

1. *L'Homme qui voulait être heureux.*

rappelle : nous créons nous-même notre destin, en saisissant les opportunités qui nous entourent. Ainsi, le hasard n'existerait pas, il consisterait plutôt en notre capacité à repérer les occasions. N'ayons aucun doute : elles sont là, chaque jour et tout autour de nous, attendant seulement que nous nous en saisissions... La réussite réside donc notamment dans le fait de parvenir à nous emparer d'opportunités que d'autres n'auront pas saisies.

Le chanteur Francis Cabrel, que j'ai plusieurs fois eu l'occasion d'interviewer et qui reste à ce jour une très belle rencontre professionnelle, raconte combien l'ouverture à l'incertitude et à l'imprévu font partie de la création d'une œuvre artistique. Il explique jouer des accords sans intention précise, puis saisir au vol une mélodie en laissant le « hasard » décider.

Dès que nous devenons conscient des opportunités qui nous entourent, nous changeons de fréquence et en attirons encore davantage. En effet, dans une même journée, la vie offre de nombreuses réponses à nos questions ou à nos problèmes, mais si nous ne nous mettons pas en état de réceptivité consciente, nous ne pouvons saisir les opportunités qu'elle nous propose. Parfois, ces cadeaux n'ont pas l'apparence que nous espérions. Acceptons-les de bon cœur. Ils recèlent souvent des trésors auxquels nous ne nous attendions pas.

Robin S. Sharma, devenu l'un des conseillers en leadership les plus recherchés, rappelle qu'il faut apprendre à transformer l'adversité en opportunité, en s'appliquant à déceler dans tout bouleversement une occasion de nous développer encore plus.

La vie, ce n'est pas d'attendre
que les orages passent, c'est d'apprendre
comment danser sous la pluie.

SÉNÈQUE

Guettons les signes !

Suivons le grand jeu de piste que nous propose la vie. Comme moi, restez à l'affût des signes qu'elle vous offre et apprenez à voir derrière les apparences. Je vous conseille d'être attentif ; ces signes peuvent se cacher n'importe où… Dans les bribes de conversations que nous entendrons au restaurant, sur le slogan d'un panneau que nous apercevrons dans la rue, à travers une chanson à la télé ou la radio, au fil d'une rencontre… Qui sait ?

L'essentiel n'est-il pas invisible pour les yeux, comme le soulignait Antoine de Saint-Exupéry ?

EXPÉRIENCE

J'ai 36 ans…

Lorsqu'un de mes amis me propose de travailler avec l'animatrice Victoria Silvstedt, ma première réaction est le jugement : je ne vois en elle que la bimbo que me renvoie la télévision. Pourtant, le temps d'un déjeuner, je la découvre totalement différente de ce que j'imaginais. Je prends alors une bonne leçon d'humilité. Bien loin de l'image surfaite que lui a forgée son personnage dans les émissions, Victoria est une businesswoman avertie, une grande négociatrice et une financière hors pair parlant couramment cinq langues. Elle s'intéresse de très près à la Bourse et possède un bon sens naturel qui lui permet de concrétiser efficacement ses objectifs.

Pour écrire son livre, je pars avec elle en Suède, dans la maison de ses parents. Je n'oublierai jamais ce moment où, devant la mer, son père Bo me parle du pouvoir de la liberté et m'explique combien il est important de savoir prendre sa vie en main. Parallèlement, Victoria et sa mère Ulla me font découvrir pour la première fois le livre de Rhonda Byrne, Le Secret, et me racontent le pouvoir de la loi de l'attraction dans leur vie. C'est en utilisant ce pouvoir que Victoria est devenue championne de ski, puis célèbre, puis très riche. Arrivée seule à Paris sans argent en poche, inconnue, elle a dû se battre pour se faire un nom jusqu'à être élue « femme la plus sexy au monde ». Quand l'élève est prêt, le maître apparaît, dit-on. Ce coup de pouce de leur part me sera précieux.

Mon totem ne pas passer à côté des signes sans les voir : rester attentif !

Notre intuition a de multiples façons de communiquer avec nous. Les rêves, les métaphores et les symboles constituent son langage préféré, mais elle peut aussi s'exprimer à travers les coïncidences et les synchronicités, bien connues de tous les psychologues et notamment de Carl Gustav Jung, qui le premier les a mises en avant à travers ses analyses. Les coïncidences sont là pour nous indiquer la bonne voie et nous certifier que nous sommes bien là où nous devons être pour avancer dans le bon sens.

Vadim Zeland indique que, lorsqu'un virage se prépare dans notre vie, il est souvent annoncé par un signe caractéristique.

Parfois les synchronicités sont ténues, parfois franchement impressionnantes. À nous d'ouvrir l'œil !

Rhonda Byrne recommande de rester attentif à tout, absolument tout ce qui nous entoure, et particulièrement aux petites choses et aux évènements en apparence insignifiants : *Une voiture de police peut être un message qui vous avertit que quelque chose n'est pas en règle dans votre vie*[1].

Pour réaliser nos souhaits, Bärbel Mohr propose de ne pas hésiter à demander franchement à la vie d'envoyer des signes clairs pour savoir si la voie suivie est bien la bonne. Dans son cas, au départ, elle écrit son livre *Comment passer commande auprès de l'univers* pour un petit groupe de personnes, le distribuant en photocopies. Elle sent très rapidement un véritable engouement de ses participants. L'effet de bouche-à-oreille fonctionne… En faisant de son livre l'un de ses ouvrages de référence, un présentateur de télévision britannique change sa vie et sa carrière : devenu un best-seller, *Comment passer commande auprès de l'univers* est traduit en 14 langues et vendu à plus de 1 million d'exemplaires.

Savoir percevoir et interpréter les signes que la vie nous envoie suppose de rester enraciné dans l'instant présent. C'est à cette démarche que vous convie l'actrice française Charlotte Valandrey, qui conseille également d'observer avec attention ce qui nous advient de manière fortuite : les rencontres qui font sens, les énergies de chacun qui s'attirent…

1. *Le Pouvoir*.

Deepak Chopra préconise de tenir un journal des coïncidences : notons celles qui interviennent dans notre vie et classons-les en fonction de leur importance. Le soir juste avant de dormir, visionnons notre journée passée comme un film. Et au lever, prenons l'habitude de récapituler aussi nos rêves. Ce journal nous permettra de voir combien signes et coïncidences abondent dans notre vie, et particulièrement lorsqu'il s'agit de réaliser un objectif qui nous tient à cœur. Vu leur importance, le docteur Chopra a dédié tout un livre aux coïncidences, dans lequel il propose la stratégie suivante : soyons attentif aux coïncidences pour leur donner de l'énergie, cela nous permettra d'en attirer encore plus à nous. Puis interrogeons-nous systématiquement sur leur signification.

Si votre « commande » tarde à être livrée, n'hésitez pas à redemander…

Si certaines des « commandes » que nous passons auprès de l'Univers peuvent parfois prendre un peu de temps avant d'arriver, c'est qu'il y a une raison ! À nous de la trouver. Puis de revenir à la charge pour la contourner et redéclencher efficacement le processus de « livraison ».

EXPÉRIENCE

J'ai 14 ans…

Je viens de lire Les Vertes Années d'A. J. Cronin. Je suis étonnée par la ferveur des prières des personnages et par le réconfort qu'ils obtiennent à puiser dans leur foi. J'essaie moi aussi de prier, mais je trouve très difficile de parvenir à concentrer mon esprit qui part dans tous les sens. Dieu existe-t-il ?

J'ai 32 ans…

J'ai décidé de ne plus prier pour obtenir quelque chose de précis, mais plutôt pour remercier de tout ce que j'ai la chance de vivre. Dieu, s'il existe, doit en avoir marre de mes réclamations... Dès lors, voici la seule chose que je demande : faire qu'il m'arrive ce qu'il y a de mieux pour moi. Ensuite, je mets un cierge pour que le résultat corresponde à mes envies profondes. Parallèlement, je mets également ma foi dans la loi d'attraction, l'attention aux signes que l'Univers m'envoie et le lâcher-prise : ces méthodes semblent marcher pour réaliser mes objectifs. Et je fais confiance à mes intuitions. Elles sont mes précieux guides et ne m'ont jamais déçue.

RITUEL POUR ATTIRER LA CHANCE : LE SUCCÈS ATTIRE LE SUCCÈS

N'hésitons pas à revendiquer ce qui nous est dû. Si nous rêvons de faire quelque chose et que rien ne se passe, comment continuer à garder espoir ? Tout d'abord, selon Bärbel Mohr, il faut garder à l'esprit que ce retard n'est que passager et que ce que nous avons demandé va arriver. Elle nous suggère d'adopter la stratégie suivante : nous remémorer toutes nos commandes passées, examiner pourquoi certaines ont marché et pas d'autres. Trouver un dénominateur commun à la réussite pour adopter une attitude intérieure similaire en face de nos nouvelles commandes.

Dans *Mange, prie, aime*, la journaliste et romancière Elizabeth Gilbert nous propose d'utiliser une méthode efficace : écrire une lettre à l'Univers pour poser nos intentions, y expliquer pourquoi il serait vraiment bien que notre objectif soit atteint, et enfin remercier l'Univers pour ce qu'il va faire en partant du principe que nous serons de toute façon entendu et exaucé.

À nous de rédiger notre pétition au sujet de ce que nous désirons voir arriver dans notre vie. Imaginons ensuite que toutes les personnes qui nous sont proches signent cette pétition, puis adressons-vous à l'Univers, à Dieu ou à n'importe qui d'autre selon nos convictions.

Et de toute façon, selon Vadim Zeland, quoi qu'il advienne, notre commande arrivera. Si elle ne se trouve pas dans le premier magasin, elle sera dans le suivant ! Soyons patient. Visualisons-nous en train de recevoir notre commande. C'est comme si nous nous regardions dans un miroir et que l'image reflétée était d'abord vide, puis arrivait avec un petit temps de retard, comme cela se passe pour le développement d'une photo. N'hésitons pas à répéter plusieurs fois l'opération, car le miroir réagit parfois avec un peu de retard ! Gardons le cap et croyons toujours en cette image et en notre réussite, même et surtout dans les circonstances en apparence contraires. Moins nous nous laisserons aller au découragement et plus vite cette image se matérialisera dans notre réalité.

Dans la vie, pour attirer la réussite,
on doit commencer par
donner l'impression de réussir.

PETER GALLAGHER,
DANS *AMERICAN BEAUTY* (SAM MENDES)

Comportons-nous en leader.

L'auteur américain Napoleon Hill a interviewé plus de 500 personnes ayant connu la réussite, afin de trouver LA formule du succès susceptible d'être appliquée par tout le monde. Il livre les 17 principes-clés que je vous invite à essayer :

1. *L'attitude mentale positive*
2. *La définition des objectifs*
3. *La volonté d'évoluer*
4. *L'examen mûrement réfléchi*
5. *L'autodiscipline*
6. *L'esprit du maître*
7. *Le témoignage de sa foi*
8. *Une personnalité rayonnante*
9. *L'initiative personnelle*
10. *L'enthousiasme*
11. *La concentration*
12. *Le travail en équipe*
13. *Les leçons à tirer de l'insuccès*
14. *La vision créatrice*
15. *La dépense de temps et d'argent*
16. *Le maintien d'un esprit sain dans un corps sain*
17. *L'utilisation de la force cosmique de l'habitude*[1]

Comme il l'affirme, et comme je l'ai moi-même maintes fois expérimenté depuis que j'ai décidé de mettre en pratique ces principes, le succès dépend beaucoup des

1. *Le Succès par la pensée constructive*.

pensées et de leur orientation : il ne suffit que d'une bonne idée pour réussir.

Inspirez-vous des secrets de Napoleon Hill pour adopter une attitude de leader et un moral de gagnant. Il nous conseille de mettre en pratique les 11 règles suivantes :

1. *Le courage*
2. *La maîtrise de soi*
3. *Un sens aigu de la justice*
4. *La sûreté dans la décision*
5. *La précision des plans*
6. *L'habitude d'en faire plus que les autres*
7. *Une personnalité irréprochable*
8. *La sympathie et la compréhension*
9. *Le respect du détail*
10. *La volonté d'assumer toute la responsabilité*
11. *La coopération*[1]

---

1. *Réfléchissez et devenez riche.*

III

CES OUTILS MIRACLES QUI VONT VOUS AIDER

Nous croyons être seul pour réussir notre projet, or nous ne le sommes pas. Imperceptiblement, l'Univers met en place des circonstances et des évènements qui nous mèneront vers la réalisation de notre but.

Pour accélérer son avènement, il existe plusieurs moyens simples, mais efficaces. La seule chose que nous ayons à faire, c'est de les mettre en œuvre.

1

Apprenez à dire merci

Je vous suggère de voir le verre à moitié plein plutôt qu'à moitié vide. Appréciez ce que vous avez et éprouvez de la gratitude pour votre vie tout entière et dans ses moindres détails. La jalousie, l'envie, le pessimisme, la lassitude ne vous mèneront pas loin. Alors, pourquoi ne pas essayer l'inverse ? Ayez une profonde reconnaissance pour ce qui est déjà présent dans votre vie, avec une foi inébranlable dans le fait que ce que vous avez « commandé » auprès de l'Univers va vous arriver.

EXPÉRIENCE

J'ai 35 ans…

J'ai pris mon plus beau stylo pour écrire une lettre à mes parents. En dépit de ce que j'ai pu vivre de plus ou moins heureux dans mon enfance, j'ai décidé de les remercier pour tout ce qu'ils m'ont transmis, parfois à leur insu, et de ne retenir que le positif des années passées auprès d'eux. Voici un extrait de ma lettre :

Maman, papa,
Aujourd'hui, j'arrête de chercher à vous donner tort. Je vous remercie de m'avoir donné des bases solides dans la vie, qui m'ont permis de prendre confiance en moi, comme dans les autres. Vous m'avez transmis des valeurs importantes : l'envie de bien faire, le respect, le goût du travail et de la rigueur, la facilité à communiquer. Tout cela me donne la capacité de prendre la responsabilité de ma vie.

J'ai 41 ans…

J'ai « ouvert les vannes »... Je vais vers les autres, je leur parle, je leur explique ce que je ressens et la beauté que je vois en eux. Voilà tellement longtemps que je retiens tout cela en moi que j'en ai les larmes aux yeux. Une émotion à chaque mot.
Une larme quand je parle à la gardienne de l'école de mes enfants, à laquelle je n'ai pas adressé la parole de l'année : merci pour tout ce que vous faites, je vois combien vous êtes bienveillante avec eux. Merci pour tout... Je la sens émue.
Une larme quand je m'adresse à mon chien, qui m'accueille, fou de joie, alors que j'ai eu une journée difficile. Merci Poussin.
Une larme quand je croise dans un magasin de sport ce monsieur qui laisse passer devant lui une handicapée, et l'aide même à ranger ses paquets dans son sac. Merci monsieur… Merci pour elle.
Je sens la chaleur de ceux qui m'entourent m'envahir. Comment avais-je pu oublier qu'il est si bon d'adresser un mot gentil, de donner, de partager, quel genre de robot étais-je devenu ? Ne plus

jamais perdre tout cela, ne jamais laisser les vannes se refermer, la source se tarir. Toujours rester en lien et attentive aux autres.

Mes formules magiques pour laisser entrer la gratitude dans votre vie : concentrez-vous sur le positif

C'est beau de croire au soleil pendant la nuit. On a le devoir du bonheur, d'être heureux. On doit essayer et avoir le droit de crier que la vie est belle.

Roberto Benigni dans *La vie est belle*

Arrêtons de nous plaindre ! Dans notre société, l'insatisfaction est souvent chronique. Pester contre le temps, les embouteillages, le boulot, son conjoint... On râle souvent dans une journée. Mais dans quel but ? Nous imaginons toujours qu'il nous manque quelque chose au lieu d'être satisfaits de ce que nous sommes.

Râler s'avère tellement contre-productif ! La vie n'est faite que d'instants du quotidien, et tous ne peuvent pas être exceptionnels. Pointer du doigt telle circonstance ou telle personne a pour conséquence de nous placer en position de victime. Sans compter que la plainte éloigne de nous ce que la reconnaissance aurait le pouvoir de faire advenir.

Le sage Eckhart Tolle en a fait l'expérience. Après avoir souffert durant 20 ans de profonde dépression, il décide de vivre pendant 2 ans dans les rues de Londres, sans emploi et sans domicile fixe. Cette période de sa vie est riche d'enseignements et de réflexions, dont il expose les principales dans son livre devenu un best-seller international, *Le Pouvoir du moment présent* : il y met en évidence combien souvent notre souffrance provient de notre incapacité à accepter le moment présent, ce qui est. Il y a toujours quelque chose dans notre vie que l'on souhaiterait différent... Mais quand nous n'acceptons pas ce que nous sommes en train de vivre, nous passons à côté de solutions potentielles à nos problèmes. La négativité, loin d'être un échec, serait bien plus un signal d'alarme : « Réveille-toi ! Sois présent ! »

Longtemps considéré comme fou par ses parents qui le feront interner à plusieurs reprises, Paulo Coelho écrit dans l'un de ses derniers romans : *En ce moment beaucoup de gens ont renoncé à vivre. Ils ne s'ennuient pas, ils ne pleurent pas, ils se contentent d'attendre que le temps passe. Ils n'ont pas accepté les défis de la vie et elle ne les défie plus*[1].

Paulo Coelho aurait pu baisser les bras à de nombreuses reprises dans son existence. À sa naissance, il est déclaré mort-né, avec le cordon ombilical enroulé autour du cou. Se réveillant d'un coma, il survit. Comme il est un adolescent rebelle, ses parents, le croyant déséquilibré, le font interner à trois reprises en hôpital psychiatrique, où il subit des électrochocs. Il est par la suite emprisonné et torturé pour des activités subversives contre la dictature brésilienne. Il devient pourtant le parolier de Raul Seixas, rock star des années 1970 au Brésil. Ensemble, ils composent plus d'une centaine de chansons qui révolutionnent la musique pop au Brésil. Il retrouve la foi et se convertit au christianisme après avoir fait le pèlerinage de saint Jacques de Compostelle. Son deuxième livre, *L'Alchimiste*, écoulé à 65 millions d'exemplaires, lui permet d'accéder à une renommée mondiale

1. *La Cinquième Montagne*.

Il a vendu plus de 200 millions de livres à travers le monde ; ses livres sont traduits en 80 langues : il est désormais l'auteur le plus traduit dans le monde…

Accepter avec gratitude les choses telles qu'elles sont ne signifie pas sombrer dans l'apathie. Cela veut dire ne pas s'appesantir sur le négatif ni s'y complaire passivement. C'est le contraire de la position de victime.

Écrire ce qui s'est bien passé dans notre journée peut nous aider à profiter de ces moments plus longtemps. Tenons un journal dans lequel nous écrivons trois éléments positifs par jour. Et autorisons-nous à fêter toutes nos petites victoires, même celles qui peuvent sembler ordinaires. Au lieu de nous focaliser sur les opportunités loupées, regardons ce que nous avons réussi dans la journée. Faisons le compte de toutes les sources de bonheur dans notre vie en ce moment même.

Bref, efforçons-nous le plus souvent possible de rester positif, et ce, quelles que soient les circonstances extérieures. Pour le docteur Wayne W. Dyer, c'est le secret de la réussite. Comme il l'explique, le processus est simple : 1/ Il s'agit de réprimer nos paroles négatives ; 2/ d'analyser nos pensées négatives qui ne sont finalement que le reflet de nos craintes ; 3/ de mettre en place de nouvelles intentions positives afin d'exprimer nos désirs les plus profonds.

Matthieu Ricard, docteur en génétique cellulaire devenu moine bouddhiste, reprend cette même idée dans son livre *Plaidoyer pour le bonheur*. Il explique qu'il nous faut chercher l'antidote pour chacune de nos émotions négatives : par exemple, s'efforcer de remplacer le plus souvent possible la violence par la bonté, afin de contrer la haine.

Napoleon Hill recommande d'adopter la démarche suivante : ne jamais nous appesantir sur ce que nous estimons être une injustice et rechercher plutôt le bénéfice caché qu'elle recèle. Ainsi, par exemple, pour certains, une maladie pourrait s'avérer être presque une bénédiction, un temps offert pour reprendre ses forces. Dans *Accomplissez des miracles*, Napoleon Hill va plus loin en affirmant même qu'il faudrait envoyer des cartes de félicitation à ses amis malades !

En tout cas, Christine Lewicki s'est lancé un véritable défi personnel dans son livre éponyme : arrêter de râler... et ce, pendant 21 jours d'affilée. En effet, selon les recherches en psychologie, il faudrait entre 21 et 28 jours pour changer un comportement. Pour mettre toutes les chances de son côté, elle a repéré les mauvaises habitudes les plus ancrées ainsi que les situations qui les déclenchent. Elle a identifié ce qu'elle appelle des « râleries réflexe » et propose des outils simples pour s'en débarrasser : prêter attention aux histoires ressassées plus de trois fois par jour, noter l'objet de la râlerie sur un papier qu'on déchire ou qu'on brûle en se répétant qu'on lâche prise.

Commençons en douceur : essayons de ne pas nous plaindre une seule fois durant la première heure qui suit notre réveil. Efforçons-nous également de découvrir l'origine de nos râleries. Souvent, elles sont dues à un besoin de nous mettre en avant tout en abaissant l'autre... N'est-ce pas l'indice d'un manque d'estime de nous-même ? Pour y remédier, apprenons à exprimer nos frustrations d'une manière plus douce pour communiquer aux autres nos besoins et les convaincre de nous aider.

Inspirons-nous de la méthode de Christine Lewicki pour mener à bien le défi des 21 jours : portons comme elle un bracelet et changeons-le de poignet en repartant à zéro chaque fois que nous râlons. Surprise garantie !

Nous pouvons augmenter notre « réservoir de bonheur » en changeant le regard que nous portons sur la vie et en révisant nos systèmes de valeurs. Décidons donc dès à présent de broyer du rose ! La coach en développement personnel et auteure Raphaëlle Giordano suggère d'essayer cette méthode dans son livre *Ta deuxième vie commence quand tu comprends que tu n'en as qu'une* : créer une « rumignotte », c'est-à-dire une cagnotte anti-rumination, dans laquelle nous mettrons un euro à chaque parole ou pensée négative.

Maya Angelou explique dans *Je sais pourquoi chante l'oiseau en cage* que nous pouvons changer les choses en modifiant notre attitude face à elles : soyons toujours reconnaissants.

Ma vie n'a pas toujours été rose, mais j'ai pris l'habitude d'être reconnaissante pour le maximum de choses. Je me suis aperçue que cela attirait à moi des expériences plus positives dans tous les domaines de ma vie. En effet, comme vous le savez, les expériences que nous vivons sont le résultat de nos pensées et de ce à quoi nous accordons notre attention. Aussi, tous les soirs, je me repasse mentalement le film de ma journée et je remercie. Merci pour le temps passé avec mes fils à faire des crêpes colorées en rose (mon côté *girly*). Merci pour le dentiste qui m'a soulagé de mes douleurs. Merci pour le si beau poème que j'ai reçu de l'un de mes enfants... Faire cet exercice quotidiennement m'a aidée à prendre conscience de la chance que j'avais, à focaliser mon attention sur les choses positives déjà existantes dans ma vie... et par conséquent à en attirer encore plus ! Cette méthode fonctionne si bien que j'ai mis des alertes sur mon téléphone et sur mon ordinateur : dès qu'elles sonnent, je dis merci, merci pour tout ce que j'ai, merci pour tout ce que je vis, merci pour tout ce qui m'entoure. J'ai aussi pris l'habitude d'avoir un galet, récupéré sur la plage, dans ma poche : chaque fois que je le touche, je dis merci. Et avec mes enfants, je fais le soir la « tournée des mercis de la journée », chacun son tour. « Merci pour la dame qui m'a tenu la porte avec un sourire, merci pour ce copain qui m'a rapporté la trousse que j'avais oubliée à l'école, merci pour le message de mamie sur mon répondeur… »

Essayez ! Suivez l'exemple de la présentatrice américaine Oprah Winfrey, qui, comme moi, tient un journal de gratitude dans lequel elle inscrit tous les moments agréables de sa vie, ce qu'elle appelle ses expériences « cinq étoiles ». Partant du principe qu'en vertu de la loi d'attraction, plus vous vous concentrez sur de belles choses, plus vous attirez du positif dans votre vie, faites le test pendant 21 jours et vous verrez des résultats surprenants se produire.

Et de toute façon, quoi qu'il advienne dans notre vie, prenons conscience de notre chance. Regarder la lumière du soleil, écouter le chant des oiseaux, contempler les dons de la nature telles la pluie ou la neige, ne sont-ce pas des cadeaux merveilleux ? Soyons le plus possible reconnaissants pour ce que nous vivons. Cultiver une attitude de reconnaissance dans sa vie aide à attirer ce que nous souhaitons, mais pour recevoir cette chose, nous devons d'abord donner. Si nous voulons créer plus d'abondance dans notre vie, commençons par donner davantage.

L'écrivain et éditeur français François Garagnon expose dans son livre *Jade et les sacrés mystères de la vie* trois principes de vie qui tiennent en une formule magique : *Carpe Diem-Alléluia-Eurêka !* « Carpe Diem » pour profiter de chaque instant, « Alléluia » pour remercier et « Eurêka » pour trouver des solutions positives.

Apprenons à dire merci le plus souvent possible. « Merci » est un mot magique !

La chef Luana Belmondo m'a décrit certains moments difficiles qu'elle a vécus et qu'elle a réussi à dépasser grâce à la magie de la gratitude :

— Je suis quelqu'un qui remercie vraiment, j'aime la vie en fait, même si par moments je l'ai détestée et j'ai même voulu la quitter en me détruisant complètement. Cela a commencé avec l'alcool, puis après tu vas voir un médecin, qui te met sous antidépresseurs, qui ne te soigneront pas forcément. C'était facile d'avaler un petit comprimé et de me dire que tout allait bien… Le déclic a eu lieu lorsque j'ai mis de côté mes problèmes de construction personnelle, par rapport à cette image déconstruite que j'avais de moi-même, pour utiliser le pouvoir de la gratitude. Tous les matins, pendant que je prends mon café en général seule, je pense à cinq choses (j'aime bien le nombre 5) pour lesquelles je peux remercier la vie. La liste est longue si on réfléchit bien. Au début, je les mettais par écrit. Puis je gardais sur moi toute la journée mon petit post-it pour le regarder plusieurs fois. Il faut s'occuper de son âme comme on le fait pour son corps. La société nous pousse à nous occuper bien plus de notre carapace extérieure que de notre intérieur, mais notre corps réagira bien mieux si l'« intérieur » est bien construit, c'est là-dessus qu'il faut porter avant tout notre attention.

Vous pouvez également dresser une liste de 10 choses pour lesquelles vous éprouvez de la gratitude, les lire une par une à voix haute en disant trois fois merci et en ressentant au plus profond de vous une réelle reconnaissance. Processus à renouveler tous les matins.

Vous pouvez aussi choisir un petit objet que vous poserez près de vous sur votre table de nuit. Juste avant de vous coucher, prenez-le et souvenez-vous de toutes les choses positives qui vous sont arrivées dans la journée.

Choisissez la plus importante et dites merci en ressentant réellement de la gratitude. Répétez le processus pendant 27 jours.

Rhonda Byrne énumère un grand nombre d'exercices pour nous aider à éprouver le pouvoir de la gratitude dans notre vie :

- Dire merci chaque fois qu'un de nos pieds touche le sol quand nous marchons.
- Faire la liste de ses 10 désirs les plus importants, la relire, fermer les yeux et se concentrer sur son cœur en disant merci.
- Imaginer que nous saupoudrons de poudre magique ce que nous souhaitons voir se réaliser.
- Respirer à fond cinq fois et remercier pour l'air « magique » que nous avons la chance de pouvoir inspirer. À faire cinq fois par jour.
- Envoyer chaque jour à quelqu'un un remerciement par écrit.
- Le matin, remercier à l'avance la vie pour notre journée qui va se dérouler positivement. Imaginer que chacun de nos projets va aboutir positivement et dire merci.

- Avoir le plus souvent possible des pensées positives, par exemple en pensant à quelqu'un que nous apprécions particulièrement.
- Choisir trois personnes que nous aimons. Prendre les photos de ces trois personnes, seules ou avec nous, puis identifier et écrire les cinq choses qui nous rendent le plus reconnaissant chez chacune d'entre elles en commençant par le mot « merci ». (Exemple : « Merci, Jean, de me faire rire. ») Placer les trois photos à un endroit où nous passons souvent. Chaque fois que nous les voyons, remercier la personne.

Plus nous serons reconnaissant, plus nous attirerons l'abondance. La gratitude est magnétique. Elle peut changer complètement notre vie…

Allons plus loin : à mes yeux, il est non seulement important de faire la paix avec ce que nous avons, mais aussi de développer en nous le sentiment de n'avoir besoin de rien. Je souscris en cela à ce qu'écrit Bärbel, qui explique qu'il faut s'autoriser à vouloir ce que l'on veut tout en se détachant du besoin de recevoir cette chose. Car éprouver un besoin signifie être dans l'attente : nous sommes focalisés sur le fait que ce que nous désirons n'est pas là et nous émettons une vibration qui parle de manque ou d'absence et qui attirera vers nous encore plus de ce manque.

J'ai moi-même pu l'expérimenter à l'époque où je cherchais ardemment du travail : j'envoyais des CV dans tous les sens, je m'escrimais à proposer des projets, à rencontrer tout un tas de beau monde. En vain. Un jour, à bout de fatigue, j'ai décidé de lâcher prise et de m'accorder une semaine à ne rien faire. Devinez quoi ? Cette semaine-là précisément, j'ai reçu trois propositions de travail très alléchantes !

Listons les personnes que nous n'avons pas encore remerciées et que nous aimerions honorer, puis prenons le temps de le faire. Utilisons la méthode décrite par Bärbel Mohr : lorsque nous apprécions quelque chose, envoyons un e-mail à l'Univers par la pensée pour le partager avec lui, comme nous le ferions avec notre meilleur(e) amie(e).

La gratitude est une composante essentielle du bonheur, et aussi de la santé. La science démontre d'ailleurs désormais les vertus de cette pratique. Dire merci nous rend plus heureux, car nous sommes plus conscient de la chance que nous avons. Des choses en apparence banales comme une bonne santé ou un emploi intéressant restent malheureusement hors de portée de nombreuses personnes. Aussi, quand nous avons la chance d'en bénéficier, soyons-en reconnaissants.

Modifions nos conversations en substituant, aux moments où nous nous apprêtons à nous plaindre, la mise en avant de nos ressources positives, la célébration des petits détails heureux de notre quotidien, et la gratitude. Au lieu de parler de ce qui ne lui convient pas, Christine Lewicki a ainsi pris l'habitude de souligner plutôt ce qu'elle veut devenir et ce qu'elle veut vivre.

Tout cela peut se faire sous forme de jeu. Christine, par exemple, a instauré un rituel avec ses enfants et son mari : au dîner, chacun doit partager un événement positif de sa vie ; et il y a dorénavant toujours du champagne au frais pour pouvoir célébrer un épisode heureux !

Chaque jour, mettons l'accent sur ce dont nous nous sentons fier, par exemple en l'inscrivant sur un papier que nous accrocherons dans un endroit où nous passons souvent. Arrêtons aussi de faire des reproches, à nous-même comme aux autres.

Appliquons également cette méthode dans notre vie professionnelle : commençons nos réunions en remerciant chacun d'être présent et en valorisant tout ce qui fonctionne bien dans leur travail.

Autre truc : j'ai pris l'habitude d'écrire et de me répéter tous les jours des « principes ressources », des croyances qui me dopent et me donnent de l'énergie pour la journée entière. Par exemple, « J'apprécie ma compagnie », « Je mérite d'être heureuse », « Je suis née sous une bonne étoile », « Rien ne me résiste »... Cette méthode est très efficace pour changer d'état d'esprit en un clin d'œil.

Entretenons en permanence ce que le physicien Vadim Zeland appelle la « petite flamme de célébration » et prêtons attention à tous les signes positifs autour de nous au quotidien. Ayons le plus souvent possible le sentiment que la vie est une fête : c'est ce qui nous mènera au succès.

Savoir apprécier et savourer les moindres instants de notre quotidien est, comme le rappelle Marlo Morgan, le secret du bonheur. Elle raconte son incroyable expérience avec une tribu d'aborigènes d'Australie, qui a véritablement bouleversé sa perception de la vie. Après une carrière de 25 ans dans la médecine préventive et sociale, elle quitte son travail, divorce, part vivre dans une tribu préservée du monde moderne et entame une carrière d'écrivain…

Je cessai de prendre comme allant de soi ma capacité de récupération après une nuit de sommeil, le soulagement apporté à ma gorge par quelques gorgées d'eau, les goûts innombrables sur ma langue, du salé à l'amer, et je commençai à les apprécier davantage[1].

Mettre en place l'habitude de remercier n'est pas facile. C'est pour cela que je vous encourage à instaurer cette pratique : le soir, pour bien terminer la journée, prenez quelques minutes pour trouver trois choses pour lesquelles vous êtes reconnaissant : cela peut-être quelque chose à propos de vous-même, d'un événement en particulier, d'une rencontre, etc.

---

1. *Message des hommes vrais au monde mutant.*

2

Prenez votre courage à deux mains

Oui, vous avez peur, je sais. Moi aussi. Par contre, il nous appartient à chacun de choisir de nous abandonner ou d'affronter nos démons. Mon avis est qu'il ne faudrait plus jamais prendre la peur comme excuse pour ne pas avancer…

Si la société incite généralement à la plus grande prudence, prendre des risques ne serait-il pourtant pas un ingrédient indispensable pour gravir le chemin qui conduit au véritable succès ? Vous seul pouvez juger de ce que vous devez dépasser pour monter sur la première marche du podium.

Des défis nous attendent et nous les remporterons très certainement, si nous acceptons de lâcher nos craintes pour faire un saut dans l'inconnu.

Identifiez vos peurs

Pour modifier ses perspectives, il est utile d'analyser la provenance de ses peurs.

Vous trouverez ci-dessous quelques outils pour vous aider à les dépasser par la suite.

EXPÉRIENCE

J'ai 16 ans…

Mon vide, ma panique. Ce soir, ils m'étouffent. Si quelqu'un pénétrait en ce moment dans mes pensées pour s'apercevoir de mon haut degré de solitude et de terreur intérieure, je mourrais de honte. Voilà peut-être pourquoi je n'écrirai jamais. Pour que personne ne sache ce qui se passe là-haut, au fond de ma tête.

J'ai 36 ans…

Mes peurs ne me servent plus. Je les remercie silencieusement d'avoir été présentes pour moi, d'avoir fait leur travail pour me protéger... « Merci, mais maintenant vous pouvez partir, je n'ai plus besoin de vous ! » Puis je les jette loin de moi. Dans l'océan.

Que celui qui n'a pas traversé
ne se moque pas de celui qui s'est noyé.

PROVERBE AFRICAIN

MAGIE BLANCHE POUR ÉCARTER LES PEURS : L'ACTION, LA CONCENTRATION ET LA COMPASSION

Napoleon Hill distingue sept peurs essentielles :

1. *la peur de la pauvreté*
2. *la peur de la critique*
3. *la peur de la maladie ou de la douleur physique*
4. *la peur de la perte de l'amour*

5. *la peur de la perte de la liberté*

6. *la peur de la vieillesse*

7. *la peur de la mort*[1]

Alors ? Quelles sont celles qui vous empêchent d'avancer ? Prenez le temps d'en faire l'inventaire. Vous pouvez dresser la liste de ce qui vous inquiète et vous irrite. Accepter de regarder nos peurs en face, c'est bien souvent découvrir qu'elles ne méritent pas la force que nous leur avons concédée jusque-là.

Le célèbre coloriste Rodolphe Lombard m'a avoué un jour :

— Mon objectif était en fait bien moins compliqué que je ne le pensais pour atteindre l'état de grâce. Ma peur ancestrale était de devenir responsable, de moi comme des autres et donc dépendant. Elle était un véritable frein à une vie confortable. Cette obsession de ne vouloir à aucun prix quitter ce monde de l'enfance était récurrente et intimement liée à l'angoisse de l'échec. J'avais en parallèle une vision d'une vie idéale basée sur un confort matériel, des images d'Épinal floues, mais je n'avais aucune idée concrète du mode d'emploi... Et maintenant que j'ai réussi à dépasser ma peur, je pense que l'objectif est atteint : il consiste simplement à sortir de mon lit chaque matin heureux et d'être aussi comblé de me coucher le soir.

Le conseiller spirituel Eckart Tolle explique que la plupart de nos peurs sont dictées par le fait que nous nous projetons sans cesse dans le passé ou l'avenir. Si nous faisons le choix

---

1. *Accomplissez des miracles.*

en conscience de fixer notre esprit sur le présent, nos craintes s'évanouiront d'elles-mêmes.

Vous allez vous apercevoir que bien peu de vos monstres intérieurs méritent la peur que vous en avez. La plupart du temps, nous plaquons simplement sur notre futur des peurs de notre passé. Ne les laissons pas saboter nos succès à venir. Stoppons dès à présent ces petites voix insidieuses. Vous savez de quoi je parle, celles qui nous disent « Fais attention », « Tu n'y arriveras pas », « Tu n'en es pas capable »... Elles ne doivent plus nous contrôler en nous offrant une image négative de nous-même et en nous éloignant de votre moi véritable.

Nous pouvons décider dès à présent que nos peurs ne nous freineront plus : même si elles nous accompagnent ponctuellement, elles ne nous empêcheront plus d'atteindre notre but. Lorsque nous en ferons ainsi abstraction, toutes les réponses nous parviendront. Ainsi, lorsque nous tombons ou subissons un échec, remontons tout de suite en selle : le succès est au bout du tunnel.

Tout ce qui ne tue pas rend plus fort[1], rappelle le philosophe allemand Friedrich Nietzsche.

En réalité, les seules limites que nous avons sont celles que nous nous imposons à nous-même. Car la peur ne peut nous contrôler que si nous lui donnons le pouvoir...

Rassurez-vous, il existe de nombreux antidotes contre la peur.

---

1. *Le Crépuscule des idoles.*

Ainsi, Robin S. Sharma conseille de la combattre avant tout par la connaissance. Apprendre, et comprendre, reste le meilleur moyen pour évacuer nos terreurs les plus ancrées. Il nous suggère également de devenir ce qu'il appelle un « paranoïaque inversé », c'est-à-dire quelqu'un qui imagine que le monde conspire à faire de belles choses pour lui.

Pour contrer la peur, d'autres préfèrent l'action. Ainsi l'ex-première dame des États-Unis, Eleanor Roosevelt, nous recommande un training intensif : pour venir à bout de nos peurs, réalisons chaque jour une chose qui nous effraie.

Napoleon Hill et W. Clement Stone, eux, proposent leur méthode de la « boussole personnelle » : en situation de stress, répétons rapidement et plusieurs fois un même mot-clé (par exemple l'adjectif « courageux »), puis passons à l'action.

C'est aussi la technique qu'a adoptée l'homme politique américain Richard Stengel, qui met en avant les leçons que son mentor le président Nelson Mandela a apprises en prison : c'est en se montrant courageux qu'on devient courageux. C'est en se montrant fier et droit que Mandela a réussi à tenir tête à ses gardiens, transformant son ennemi en ami.

Le spécialiste en sciences humaines Laurent Gounelle indique de son côté que l'action est nécessaire pour vérifier sur le terrain que les peurs ne sont que des créations de l'esprit. Selon lui, le meilleur remède contre la peur serait l'amour et la compassion.

Pour Deepak Chopra, la solution serait justement de ne pas lutter : il s'agirait plutôt d'ignorer ses peurs, de faire comme si elles n'existaient pas.

Le chanteur du groupe U2, Bono, préconise de toujours garder la foi lorsque nous voulons combattre nos peurs.

Enfin, Anthony Robbins met l'accent sur le pouvoir de l'intention en situation de danger, en prenant l'exemple de la course automobile : lorsque notre voiture dérape, nous devons nous concentrer sur l'endroit où nous voulons aller et non sur le risque que nous encourons à ce moment-là de nous diriger dans un mur.

Le courage, ce n'est pas de ne pas avoir peur, mais de parvenir à aller au-devant de nos peurs.

Pas simple d'apprendre à sortir de sa zone de confort et de sauter les yeux grands ouverts dans l'inconnu ! En ce qui me concerne, j'ai compris que, lorsque cela devient vital, on ressent un ultime déclic et l'on ne peut plus faire autrement que de suivre ce que dicte notre cœur.

Rodolphe Lombard en est également la preuve vivante lorsqu'il me raconte :

— Après 15 années chez Alexandre de Paris, j'étais arrivé à un état de grand confort, j'étais reconnu comme un professionnel, ma vie était douce et remplie, je pensais avoir « réussi ». Et c'est au cours d'une promenade avec Juliette Gréco, près de la place Vendôme, que nous avons ensemble découvert un lieu improbable vide. Juliette m'a dit « C'est ta maison ». Je n'ai pas voulu décevoir la Dame et, le lendemain, j'ai fait part de ma démission auprès de mon employeur. Avec une douce légèreté et inconscience, j'ai créé mon salon Colore par Rodolphe. Puis comme l'escalier du Sacré-Cœur, j'ai entrepris l'ascension marche après marche. J'ai eu peur, vraiment très peur, mais une petite voix me disait « Vas-y » et je ne l'ai jamais regretté par la suite.

Même si nous avons peur, surtout, osons ! Nous ne sommes pas fous, nous prenons juste le risque de réussir et d'être heureux.

L'idéal, pour bon nombre de personnalités influentes que j'ai pu interviewer, ce serait de ne jamais s'installer dans l'acquis, ni relâcher son attention, et parvenir à ne plus s'accrocher désespérément à son besoin de sécurité. Je sais, c'est plus facile à dire qu'à faire. Mais on y arrive plus facilement dès lors qu'on accepte d'investir sur soi-même, de s'accorder la confiance qu'on mérite pour prendre le risque de réaliser ses rêves.

Pour vous permettre de déployer vos ailes progressivement, tels les grands sportifs, vous pourriez vous faire aider par des coachs, des énergéticiens, des entraîneurs, des sophrologues, des masseurs et toutes sortes de médecines douces…

Il y a bien des manières de ne pas réussir. Mais la plus sûre est de ne jamais prendre de risques, tance le physicien, philosophe et homme d'État américain Benjamin Franklin.

Seuls ceux qui prendront le risque d'échouer spectaculairement réussiront brillamment, poursuit dans cette même idée Robert Kennedy, frère du président John Fitzgerald Kennedy.

Sortons de notre routine quotidienne, faisons des choses que nous n'avons jamais faites, apprenons à prendre des risques mesurés, suivant un savant dosage, avançons sans nous retourner !

À chacun son chemin hors de la routine quotidienne. Le peintre Pablo Picasso, par exemple, chef de file du mouvement cubiste, confiait chaque fois tenter quelque chose de nouveau.

Commençons, sur ses traces, par prendre des risques minimes et calculés, puis augmentons peu à peu le niveau de difficulté ! Nous pouvons bousculer nos habitudes quotidiennes : en apprenant à cuisiner des produits que nous n'utilisons jamais d'ordinaire, en changeant de chemin pour nous rendre au bureau le matin, ou encore en mangeant seul au restaurant.

Le fait de bouleverser notre routine va inconsciemment nous autoriser petit à petit à prendre de plus en plus de risques. Lorsqu'on ne s'accroche plus à tout ce qui est connu, on s'ouvre à ce que réserve l'inconnu, ce qui est le point de départ de la véritable réussite, comme le souligne l'entrepreneur britannique de génie Richard Branson. Icône du management intuitif, aventurier et philanthrope, il est toujours en quête de nouvelles idées et solutions pour créer un monde meilleur. Son succès et sa fortune, il les doit à son goût pour entreprendre et oser. À 9 ans déjà, il élevait et vendait des perruches ; à 15 ans, ce furent des sapins de Noël… À 16 ans, il lança, avec un ami, le magazine *Students*, qui deviendra le symbole de toute une génération opposée à la guerre du Vietnam et luttant pour le droit à l'avortement. Quand il quittera l'école, son directeur lui lança :

— Branson, vous finirez milliardaire ou en prison.

À 23 ans, il était déjà millionnaire...

La vie est un risque. Celui qui n'a pas risqué n'a pas vécu, avait pour habitude de dire sœur Emmanuelle…

Alors, prenons le temps de jeter un œil sur le blog de l'avocate néo-zélandaise des Droits de l'homme Marianne Elliott (*marianne-elliott.com*) et son programme « 30 Jours de courage pour quitter sa zone de confort », où elle insiste sur le fait qu'au fil de tous les petits actes de courage au quotidien, nous deviendrons nous-même quelqu'un de courageux. Il nous suffit de penser que tout ce que nous faisons est passionnant au lieu de nous imaginer que c'est angoissant.

Avocate des Droits de l'homme, elle a travaillé avec une organisation des Droits de l'homme dans la bande de Gaza, apprenant de ses collègues palestiniens la résilience et comment l'humour peut apporter de la lumière même dans les situations sombres. Elle explique qu'au lieu de nous concentrer sur ce qui pourrait nous arriver de pire si nous prenons un risque, mieux vaut nous focaliser sur l'idée que quelque chose de magnifique en découlera.

Comme le souligne le philosophe stoïcien Sénèque, *ce n'est pas parce que les choses sont difficiles que nous n'osons pas ; c'est parce que nous n'osons pas qu'elles sont difficiles*[1].

Lâcher-prise

Moi qui n'avais jamais eu une grande patience, il m'a fallu apprendre peu à peu ce qu'on appelle le « lâcher-prise ». Un mot qui me semblait jusqu'alors un peu barbare et vain.

Je dois avouer qu'à un moment de mon parcours, j'étais tellement dans la frénésie de vouloir avancer à tout prix,

1. *Lettre à Lucilius*, n° 104, 26.

que lorsque la vie ne me répondait pas comme je le souhaitais, je m'en rendais profondément malade.

J'avais choisi de quitter mon entreprise parce que je ne voulais pas mourir à côté de la machine à café à écouter les plaintes de ceux que je jugeais « cols blancs à la vie trop grise mais qui ne font rien pour la changer ». Je désirais sortir de mon lit tous les matins avec l'envie de vivre une journée exceptionnelle, pleine de surprises et de nouveautés. Je voulais aimer mon travail et les personnes avec qui je le partageais, et mettre plus de douceur dans mon quotidien.

Et par-dessus tout, je voulais prouver que j'en étais capable !

Certaines personnes que je croisais voulaient me faire payer cette impudence : « Tu ne devrais pas te lancer là-dedans, c'est risqué », « Tu es vraiment sûre de toi ? » Et si je me prenais un mur, c'était : « Tu vois ? Je t'avais prévenue », « Je te l'avais dit… » Un être libre, ça fait peur...

C'est à cette période-là que j'ai fini par comprendre le pouvoir du lâcher-prise : j'ai dû m'accoutumer par la force des choses à ne pas vouloir tout maîtriser, à faire confiance au destin et à considérer systématiquement l'univers comme profondément amical.

Souvent, je me sentais perdue, j'appelais alors mes « amis » à la rescousse : Albert (Einstein), Abraham (Lincoln), Oscar (Wilde), Gandhi, sœur Emmanuelle, mais aussi Jackie (Kennedy), Steve (Jobs), ou encore Julia (Roberts), Oprah (Winfrey), Audrey (Hepburn) et Brigitte (Bardot). À chaque problème que je devais traverser, je m'imaginais en réunion avec eux et j'entendais leurs avis et leçons... Chacun à sa manière me donnait des conseils et soulageait mes peines.

Et comme par magie, les événements se débloquaient dans mon existence : tantôt on m'appelait pour un nouveau travail, tantôt je rencontrais « par hasard » un ami que je n'avais pas vu de longue date et qui connaissait justement « quelqu'un qui pouvait m'aider », ou bien encore une rentrée d'argent inattendue débarquait dans ma boîte aux lettres... Je dois dire que je ne suis toujours pas revenue de cette féerie de la vie qui s'est manifestée lorsque j'ai commencé à accepter de faire confiance à l'Univers.

Pour avancer vous aussi vers des routes plus ensoleillées, je vous engage à pratiquer le lâcher-prise comme un nouveau mode de vie : une fois que vous avez fait tout votre possible pour mettre en place ce que vous avez à accomplir, laissez patiemment la vie faire son travail.

Ma bougie pour éclairer notre vie : laissons l'Univers travailler pour nous

Pour Vadim Zeland, la véritable solution pour dire adieu au stress serait de ne plus accorder trop d'importance aux obstacles extérieurs.

Plus nous souhaiterons éviter que quelque chose n'arrive, plus nous le provoquerons, car nous irradierons une énergie sur les fréquences de ce que nous rejetons et créerons ce qu'il nomme un « potentiel en excès » : refusons donc de nous battre et libérons-nous ainsi des « balanciers » – ces groupes de gens qui pensent et agissent tous de la même façon – qui ne doivent en aucun cas contrôler notre vie ni pomper notre énergie ! Admettons l'existence de ce qui nous énerve, puis ignorons-le tout simplement. Au lieu de nous concentrer dessus, lâchons prise et plaçons notre énergie dans quelque chose que nous aimons. En bref, laissons-nous porter par le courant en nous posant en observateur plutôt qu'en essayant de tout contrôler à tout prix, qu'il s'agisse de personnes ou de situations bien précises.

Le physicien quantique compare notre esprit à une radio : c'est à nous de choisir la fréquence que nous voulons écouter et d'ignorer les autres.

Pour Eckart Tolle, lâcher prise revient à accepter toujours pleinement le moment présent, de façon inconditionnelle, sans résistance aucune ni jugements intempestifs.

Acceptons patiemment et sereinement tout ce que nous ne pouvons contrôler, tentons même de le traiter avec la plus grande indifférence.

Accepter implique un moi qui accepte. Or le moi n'a rien à faire dans l'histoire. J'ai compris un jour que le moi est programmé pour refuser. Il s'agit donc davantage de « laisser être » que d'accepter. Accepter, c'est encore un travail pour le moi[1], précise le philosophe Alexandre Jollien.

Ainsi, lorsque nous traversons un passage difficile ou charnière, faisons de notre mieux, puis autorisons-nous à nous abandonner en attendant que ce moment difficile s'éloigne : coupons notre téléphone, faisons une balade dans la nature, faisons la grasse matinée, allons voir un film.

Il suffit parfois de lâcher prise pour débloquer des situations et permettre aux énergies positives de circuler à nouveau dans notre vie.

---

1. *Petit Traité de l'abandon.*

Pour Patricia Darré, le lâcher-prise équivaudrait à vivre comme si vous alliez mourir dans l'heure.

Marlo Morgan, elle, compare l'être humain à un serpent : il doit muer et abandonner ses vieilles habitudes, croyances et certitudes : voilà selon elle le véritable lâcher-prise.

De façon étonnante, et, comme je vous l'ai dit précédemment, je l'ai moi-même expérimenté, si vous vous attendez avec certitude et patiemment à un résultat sans tenter de forcer les choses, il finira par arriver. Deepak Chopra compare ce phénomène à une blessure qui cicatrise peu à peu : tout fonctionne automatiquement sans que notre volonté ait besoin d'intervenir. Il conseille donc de nous décharger de nos pensées et décisions sur la partie dite « automatique » de notre cerveau, celle-là même qui intervient dans la croissance de nos cellules. Ce en quoi le rejoint l'écrivain François Garagnon dans sa fable initiatique *La Vie selon Joy*, dans laquelle il met en évidence le fait que nous devrions agir comme une femme qui attend un enfant : avec la certitude d'un cadeau du destin qui finira par nous arriver. Gardons la foi...

IV

ATTIRER À SOI LA PROSPÉRITÉ

Vous manquez d'argent ? Vous êtes au chômage alors que vous aviez toujours pensé que ça n'arrivait qu'aux autres ? Vous gagnez moins que ce que vous estimez valoir ? Vous voulez devenir riche, mais vous vous heurtez à un plafond de verre ?

En premier lieu, prenez le temps d'identifier vos croyances négatives par rapport à l'argent. Sans vous en apercevoir, elles ont pu s'insinuer insidieusement dans votre esprit, voire vous être instillées par votre plus proche entourage : « Dans ce type de métier, tu ne peux pas gagner plus aujourd'hui », « Sois réaliste, redescends sur terre, tu n'auras jamais de quoi t'acheter ça », « L'argent, c'est sale », « Il faut travailler très dur pour gagner de l'argent », « La vie est difficile », « Ce n'est plus ce que c'était il y a 20 ans », « Les entreprises n'engagent plus », « Reste à ta place, ne fais pas de vagues », « Ne dépense rien, épargne tout »…

J'ai moi-même pendant longtemps été sujette à de multiples pensées négatives sur l'argent. Dans le cadre de mon métier en télévision, je côtoyais bon nombre de personnalités et puissants qui ne m'en avaient guère donné une bonne image.

Je les observais discrètement dans leurs superbes maisons avec piscine, jacuzzi, spa, salle de billard, salle de cinéma, cours de tennis, et tutti quanti intégré et je les découvrais avec effarement, en dépit de leurs richesses matérielles, profondément malheureux et en proie à toutes sortes d'addictions.

Inconsciemment, je me suis mis une idée en tête : NE JAMAIS leur ressembler ! ! Il m'a fallu beaucoup de temps et d'expériences douloureuses pour comprendre enfin, intégrer et admettre que l'argent, s'il arrive à un moment donné de votre vie où vous êtes parfaitement aligné à l'intérieur et après avoir fait un profond travail sur vous-même, peut être un formidable outil pour avancer sereinement, développer des projets positifs et apporter votre propre petite pierre à ce monde.

Comment peut-on attirer à soi l'abondance alors même qu'inconsciemment on la rejette déjà ?

Aussi faites avant toute chose le point avec vous-même : que gagnez-vous à vous présenter comme une victime désargentée, quels sont les avantages que vous en retirez ? Identifiez-les très précisément : ce peut être pour attirer l'attention, vous faire plaindre, éviter de faire les courses de nourriture, vous faire offrir votre repas au restaurant ou ne pas avoir à prendre toutes vos responsabilités... La liste est interminable si vous êtes vraiment honnête avec vous-même.

J'ai 37 ans…

Je suis dans une période difficile lorsque mon chemin croise celui d'un ange. Quelque temps auparavant, je décide de visualiser une oreille bienveillante capable d'apaiser mes angoisses. Je me projette également dans une vie luxueuse et confortable. Ces rêves éveillés me rassurent et m'apportent la douceur qui me manque cruellement à ce moment-là.
Rosalyn est un papillon globe-trotter plein d'attention pour les autres. Son grand-père, David, est un survivant de l'Holocauste. Poursuivi par les nazis pour judaïsme, il a été déporté à 16 ans dans un camp de travail forcé, puis emprisonné en mars 1942 dans les camps de concentration d'Auschwitz-Birkenau. Après l'horreur des camps où périrent ses parents, deux de ses frères et sa petite sœur, David s'installe en Argentine, puis au Chili, où il fait finalement fortune. Rosalyn n'a que cinq ans quand les chiffres tatoués sur le bras de son grand-père l'interpellent. Un souvenir qu'elle ne pourra plus jamais effacer de sa mémoire… Son obsession : réparer. Elle a hérité de lui une extrême générosité et une volonté farouche de faire le bien tout autour d'elle. David lui a appris qu'on peut toujours pardonner et se relever, quoi qu'il nous arrive dans la vie. C'est Maurice, le mari d'une de mes amies, qui lui donne mon nom lorsqu'elle lui évoque son souhait de tourner un reportage sur la vie de son grand-père. Notre rencontre est un véritable coup de foudre amical. Elle devient rapidement la sœur que j'ai toujours voulu avoir. Cerise sur le

gâteau, Rosalyn m'emmène à ses côtés dans les plus beaux endroits qui soient. Elle fait de ma vie ce rêve éveillé que j'avais tant visualisé quelques mois plus tôt. Ce sera pour moi une nouvelle confirmation du pouvoir de notre état de conscience…

1

Ressentir l'état d'abondance

L'argent doit devenir notre ami, un ami que nous choyons, que nous respectons, que nous aimons. L'argent est une énergie, n'hésitons pas à nous en servir ! Il a été créé pour faciliter les échanges entre les personnes, de produits comme de services ou de compétences en tous genres. Il correspond donc plus précisément à une compensation d'énergie.

Arrêtons dès aujourd'hui de jouer les petits bras, commençons par bannir de notre tête l'idée de manque et sentons-nous en état d'abondance.

Une fois cette prise de conscience établie, décidons de changer immédiatement notre relation à l'argent et remplaçons nos croyances négatives par de nouvelles croyances qui nous donneront une énergie positive. Puis fonçons, avec l'intelligence du cœur, mais sans nous départir de notre cerveau ! Nous allons voir ensemble en détail comment nous pouvons y parvenir.

Gardez toujours à l'esprit que l'argent
n'est qu'un moyen, il n'est pas le but.
Votre bonheur dépend de vous-même.

Dallys-Tom Medali (*Le Manuel du milliardaire*)

Pour devenir un aimant pour l'abondance : considérons l'argent comme une bénédiction et surfons sur la vague du succès

Vadim Zeland explique que nous devons apprendre à saisir les petits fils d'informations qui nous permettront de nous élever sur la ligne de vie d'où viennent les bonnes nouvelles et donc sur la fameuse « vague du succès ». Pour cela, faisons tourner sans cesse des pensées positives dans notre tête, concentrons-nous sur ce que nous voulons obtenir. Nous irradierons ainsi une énergie positive qui attirera le meilleur à nous. Tentons d'accepter notre situation de sans-emploi par exemple comme passagère sans nous sentir frustré ni insatisfait. Gardons en tête que chaque épreuve est une leçon qui nous apportera de l'expérience pour la suite.

Les balanciers désignent certains adhérents aux postes-clés, non pas pour leurs grands mérites, mais pour leur pleine conformité avec le système. Il est naïf de croire que dans les échelons de la carrière professionnelle, et surtout dans la hiérarchie du pouvoir, les personnes sont placées d'après leurs qualités distinctives et leurs performances remarquables. C'est pourquoi vous devez orienter vos actions avant tout pour préserver la stabilité du système. Si vous voulez gravir les échelons de votre carrière, vous devez comprendre la différence entre « bon » et « approprié »[1].

Si vous recherchez un emploi, dites-vous que le travail de vos rêves existe. Rhonda Byrne montre que vous pouvez l'attirer dans votre vie en imaginant ce que vous ressentirez en ayant d'ores et déjà cet emploi :

Un homme qui était au chômage a posé sa candidature à un poste qu'il avait toujours souhaité occuper. Ensuite il a rédigé une lettre d'offre d'emploi, prétendant qu'elle provenait de l'entreprise où il voulait entrer et qui spécifiait son salaire et sa description de tâches. Il a créé une carte professionnelle sur laquelle figuraient son nom et le logo de l'entreprise et l'a regardée souvent en se disant reconnaissant de travailler pour cette entreprise. Il s'est envoyé des courriels de félicitations à quelques jours d'intervalle[2].

Lorsque nous manquons d'argent, nous ne nous sentons plus en phase avec la société. Accablé par les factures à payer, nous ne pouvons plus consacrer une part de nos finances aux plaisirs que nous convoitons (sorties à deux ou entre amis, dîners, voyages, activités pour les enfants…). De quoi nous rendre profondément jaloux de ceux qui ont la chance de pouvoir, eux, profiter de la vie. Pour avancer dans le bon sens, renversons plutôt la vapeur et commençons dès maintenant par associer l'argent à des valeurs positives telles que la liberté ou l'amour… Nous pouvons également nous rappeler une période où nous avons gagné le salaire que nous souhaitions, décider que notre compte aura toujours un montant minimum positif sous lequel nous ne descendrons plus jamais, dépenser une journée sans nous sentir coupable,

1. *Transurfing 4 – Diriger la réalité.*
2. *Le Pouvoir.*

visualiser une importante rentrée d'argent, imaginer que nous avons tout ce que nous souhaitons et évaluer très précisément le coût que cela représente…

EXPÉRIENCE

J'ai 37 ans…

La crise économique aidant, il devient plus ardu de trouver un travail bien rémunéré… Aussi, par peur de l'insécurité financière, j'accepte ponctuellement de me contenter d'un job plaisant mais totalement sous-payé au ratio de mon expérience et de mon investissement. C'est ainsi que je ne tarde pas à râler régulièrement et à médire de cette situation… Jusqu'à ce que je me prenne en flagrant délit de mauvaise foi ! N'est-ce pas moi qui ai accepté ce travail ? Pourquoi n'ai-je pas su poser des limites ? Ne me suis-je pas raccrochée à de fausses idées pour me dédouaner de chercher un peu plus longtemps à obtenir ce que je veux vraiment ? N'y a-t-il pas derrière tout cela un peu de « Je ne suis pas assez bien pour tel salaire », « Je ne sais pas me vendre », « Je n'aime pas parler d'argent » ? Et si je cherche encore plus loin au fond de moi-même, ne reste-t-il pas un peu de ces croyances du type : « L'argent ne fait pas le bonheur », « Ceux qui ont beaucoup d'argent sont souvent malheureux », « Je ne peux pas gagner trop d'argent, ce serait honteux alors que c'est la crise partout autour de moi », « Je ne me sentirais pas à l'aise de devenir riche avec tous ces pauvres que je vois graviter dans les rues »… C'est pourquoi je décide de reprendre la situation en main. Je calcule combien j'estime valoir de l'heure (à raison de 176 jours par an et 8 heures par jour). Il y a le tarif indiqué par mes fiches de paye et celui que je crois fermement devoir être le mien. Je décide également d'établir un tarif week-end, semaine, mois. On donne de la valeur à ce qu'on paie. Au fond, tout dépend véritablement de la valeur que je me donne... Je me dis que j'attirerai les bonnes personnes si je facture ce que j'estime valoir vraiment. Puis je me remets en free-lance en appliquant les tarifs que j'ai définis. Très étonnamment, les contrats affluent rapidement...

Je vous conseille d'abandonner définitivement votre peur de la pauvreté : elle a le pouvoir d'annihiler toutes nos chances de réussite. Protégez-vous de l'anxiété de ne pas avoir d'argent, c'est une émotion nocive. Acceptez ce que vous avez et réjouissez-vous-en : quelle que soit votre situation, il y a bien pire !

Enfant, Napoleon Hill a entendu les mots de sa belle-mère, qui lui firent une grande impression : *Pour l'instant, je ne sais pas comment nous nous libérerons de la pauvreté, mais ce que je sais, c'est que nous réussirons notre évasion, peu importe le temps que nous y mettrons, ou les sacrifices que nous devrons faire*[1].

Avec l'aide du millionnaire W. Clement Stone, il a décidé de nous convaincre que nous avons le droit de gagner beaucoup d'argent et que nous allons trouver les moyens de nous en procurer. Pour cela, il indique que nous devons le désirer ardemment et accepter que cela est possible. L'argent appellera l'argent. En premier lieu, économisons chaque mois une partie de notre revenu, cela nous rassurera ; avant de demander une augmentation de salaire ou de postuler pour un

1. *Accomplissez des miracles.*

emploi, soyons certain de notre valeur ; enfin, faisons en sorte de nous rendre utile ; notre travail doit servir aux autres. Les deux auteurs nous encouragent à définir le montant précis que nous souhaitons obtenir avec la date d'échéance que nous nous fixons ainsi que ce que nous allons faire en contrepartie pour l'obtenir. Notons tous ces éléments sur un papier et relisons-le régulièrement – au minimum deux fois par jour au réveil et au coucher, en nous imaginant déjà dans cette situation d'abondance. À partir de là, notre subconscient travaillera pour nous faire avancer dans la bonne direction.

Nous pouvons obtenir financièrement tout ce que vous désirons. Le succès n'est pas réservé juste à une élite ! Si vous y croyez, vous finirez par l'obtenir.

Vous devez vous faire à l'idée que vous atteindrez votre but. Si vous voulez devenir une personne riche, mais qu'en même temps vous redoutez d'entrer dans des boutiques de luxe, alors rien n'arrivera, note Vadim Zeland[1].

Connu pour son franc-parler, son insolence et son audace, l'investisseur américain Robert T. Kiyosaki a modifié la perception de l'argent de dizaines de millions de gens dans le monde entier, en expliquant dans son livre *Père riche, père pauvre* que la différence primordiale entre riches et pauvres serait leur façon de gérer leur peur et d'affronter les échecs.

L'insécurité, cet entrepreneur spécialisé dans le développement personnel, la connaît bien. Après avoir lancé successivement plusieurs entreprises qui ont fait faillite, il s'est retrouvé à la rue et a dormi pendant près d'un an dans sa voiture avec sa femme, avant de devenir le cofondateur de The Rich Dad Company, une entreprise d'éducation financière et l'heureux auteur de 19 livres dont *Père riche, père*

1. *Transurfing 2 – Le Bruissement des étoiles le matin.*

pauvre, best-seller sur l'éducation financière, vendu à plus de 26 millions d'exemplaires. Certains de ses livres ont été dans le top 10 des ouvrages les plus vendus dans le *Wall Street Journal*, *USA Today* et le *New York Times*.

Dans son ouvrage *Père riche, père pauvre*, il explique l'importance de développer son intelligence financière et met la lumière sur ce que les parents riches enseignent à leurs enfants à propos de l'argent afin qu'il soit à leur service.

Il attire l'attention sur le type de vocabulaire que nous employons avec nous-même : ne jamais dire par exemple « Je ne peux pas me le permettre », mais réfléchir plutôt à ce que nous allons faire pour y parvenir.

Les conférenciers et auteurs américains Esther et Jerry Hicks insistent également sur ce point : employer des termes positifs comme « J'ai hâte d'avoir assez d'argent ».

Issu d'un milieu pauvre, Jerry Hicks a souffert de problèmes de santé durant son enfance. Adulte, il exerce divers métiers comme boxeur, chanteur, comédien, acrobate, et reste toujours animé par cette soif d'aller de l'avant. Lorsqu'il rencontre Esther, il monte une affaire florissante avec 100 000 employés. Depuis, ils sont devenus ensemble les auteurs de nombreux best-sellers, et leur travail sur la loi de l'attraction a été reconnu dans le monde entier.

Attendons-nous sans cesse à l'abondance dans notre vie, puisqu'elle est prévue ! Imaginez que vous êtes déjà dans l'abondance ; ressentez dès maintenant la liberté que cela vous donne et ce que cela apporte de positif dans votre vie. Concentrez-vous sur votre destination plutôt que sur le point de départ. Si vous aviez tout l'argent que vous souhaitez avoir, comment vous comporteriez-vous ? Réfléchissez à l'attitude que vous auriez, votre démarche, votre posture, votre façon de parler, de bouger, de réagir, votre sérénité ; et ressentez-la intensément comme si vous y étiez déjà. Cet argent est à portée de main, il est à vous, vous y avez droit, vous le méritez !

C'est nous – et non les autres - qui devons choisir combien d'argent nous voulons et ce que nous souhaitons en faire : quel que soit le montant que nous désirons, nous l'obtiendrons : nous n'avons de limites que celles que nous nous donnons. Alors, racontons-nous notre histoire fabuleuse et magique exactement comme nous l'imaginons. Jouons au jeu du « Et si » en listant tout ce que nous voulons voir abonder de positif. Le point de départ primordial de cette aventure : transformer notre sentiment de manque en une sensation de bien-être.

Pour que l'argent devienne notre fidèle compagnon, nous devons nous focaliser essentiellement sur nos objectifs. En effet, l'argent ne doit pas être un but en soi, mais bien rester un moyen.

Ainsi, lorsque nous dépensons de l'argent, ne le regrettons jamais ; soyons plutôt sûr que l'argent a rempli sa mission.

Selon Rhonda Byrne, lorsque nous recevons des factures, nous devons parvenir à inverser le processus de lassitude et d'énervement. Tentons plutôt de nous mettre dans un état de bien-être et de douceur. Pour cela, nous pouvons imaginer que nos factures sont des chèques que nous recevons ou des dons que nous avons choisi de faire à des organismes caritatifs ou aux entreprises pour les remercier des immenses services qu'ils nous ont rendus.

Et lorsque nous gagnons de l'argent, quel qu'en soit le montant, Rhonda Byrne nous incite vivement à ressentir de la gratitude. Remercions par exemple lorsque nous percevons notre salaire.

Soyons heureux de l'argent que nous avons et il affluera peu à peu. Souvenons-nous que, depuis l'enfance, nous avons déjà beaucoup reçu, ressentons de la gratitude pour cet argent déjà perçu, prenons le temps de remercier, et la magie se déclenchera. Soyons vraiment remplis de gratitude chaque fois que nous recevons même la plus petite pièce. Pour que l'abondance arrive, nous devons oublier notre situation actuelle et imaginer l'argent que nous aurons.

Soyons heureux également pour ceux qui ont beaucoup d'argent, ne les jalousons pas, sentons-nous plutôt excité pour eux. Envoyons des pensées d'abondance à tous ceux que nous croisons dans la rue, dans le métro, dans la vie. Apprenons à toujours partager et donner l'équivalent de ce que nous recevons.

Enfin, gardons malgré tout en tête les sages paroles de sœur Emmanuelle, qui prône de ne nous accrocher à rien de matériel dans cette vie :

Certains font très tôt l'expérience, que d'autres feront plus tard, ou peut-être jamais, qu'on ne peut s'accrocher à rien en cette vie, que tous ces succédanés ne sont que vanités éphémères[1].

À 23 ans, elle renonça elle-même au confort que lui offrait son statut d'héritière d'une usine de dentelles pour décider d'entrer dans les ordres.

Demandons-nous simplement ce qui vous rend vraiment heureux…

1. *Vivre, à quoi ça sert ?*

2

La loi du boomerang

EXPÉRIENCE

J'ai 24 ans…

Longtemps, j'ai pensé que ma vie n'était pas intéressante. Il me semblait que, n'ayant pas vécu de traumatisme majeur, la moindre des choses devait être de m'effacer et de me fondre dans la masse. Pourtant, je réalise peu à peu que c'est justement le fait de ne pas avoir eu d'énormes galères qui m'aide à m'élever plus rapidement en niveau de conscience. Le psychologue Abraham Maslow met au jour en 1943 cinq besoins fondamentaux qu'il hiérarchise dans une pyramide pour en tirer sa célèbre théorie sur la motivation. Selon lui, lorsqu'un groupe de besoins est satisfait, un autre prend progressivement sa place suivant un ordre précis : besoins physiologiques > besoins de sécurité > besoins d'appartenance et d'amour > besoins d'estime > besoin d'accomplissement de soi. N'ayant pas eu à devoir résoudre au départ ces fameux problèmes de besoins primaires, j'accède

très vite aux réflexions sur les grandes questions de l'existence.
C'est le regard que nous posons sur notre propre vie qui rend notre existence intéressante ou pas. C'est aussi la façon dont nous regardons « le grand monde » à l'extérieur de nous, qui fait toute la différence. Chacun peut ainsi devenir un héros de la vie ordinaire. De belles occasions se produisent par ricochet si l'on pratique régulièrement l'ouverture sur l'autre. C'est l'ami qui raccompagne sa collègue jusque chez elle parce qu'il aime marcher et qui va lui éviter sans le savoir une agression potentielle. Par effet papillon, nous devenons tous des héros lorsque nous provoquons des événements positifs pour les autres. Quoique tous différents, nous sommes tous dans le même bateau…

C'est à l'âge de 40 ans, avec un peu plus de recul sur mon parcours, que je finis par comprendre vraiment le principe du boomerang : nos actions d'aujourd'hui déterminent celles de demain. Ma vie m'apparut soudain comme un puzzle dont je pouvais reconstituer peu à peu les morceaux. Des actions désordonnées de mon passé avaient eu une influence négative sur mon existence présente, mais ce que j'avais mené positivement apportait encore beaucoup de lumière dans mon quotidien.

Tout ce qui nous arrive est le résultat d'une de nos actions dans le passé, me confirmait Deepak Chopra.

Il me devint clair que nous sommes tous dépendants les uns des autres, comme reliés par un fil invisible.

Au final, ce que nous faisons à l'autre, c'est comme si c'était à nous-même que nous le faisions… Ainsi, si l'on agit positivement et sans arrière-pensées, cela nous reviendra en positif à un moment où nous ne nous y attendrons pas. Mais le contraire est aussi valable ; donc, prenez garde à vos actions ! Vous pourriez l'apprendre à vos dépens…

Oprah Winfrey l'explique par la troisième loi de Newton : *Pour chaque action, il existe une réaction égale et opposée.*

Nous recevons ce que nous donnons, décryptera pour moi, au fil d'une interview, Arun Gandhi, le petit-fils du Mahatma Gandhi, père de la nation indienne.

Né en Afrique du Sud, enfant, il est victime de nombreux actes de racisme et devient assoiffé de vengeance. Pour tenter de l'apaiser, ses parents le confient alors à son illustre grand-père qui lui enseigne la non-violence et comment traiter la colère de façon positive. Chaque jour, son grand-père tient à passer une heure avec lui pour parler. Et aujourd'hui, Arun délivre le message de paix et de non-violence de Gandhi au fil de conférences internationales.

Quand on jette des petits rayons de bonheur dans la vie d'autrui, l'éclat finit toujours par rejaillir sur soi, note le général et homme politique français Louis Fortin. Résistant pendant la Seconde Guerre mondiale, il fut fait prisonnier en 1940, puis libéré en 1943 pour finalement devenir Secrétaire général à la Défense nationale.

Nombreux sont les hommes d'affaires qui ont appris à donner avant de gagner en abondance.

Robert T. Kiyosaki signale le fait que son « père riche » avait pour habitude de donner beaucoup également, par le biais d'œuvres de charité ou de sa fondation, car il avait compris que, pour recevoir de l'argent, il faut également en donner. C'est ce que Robert Kiyosaki appelle le « don d'argent » ; il le met en avant comme l'un des secrets pour devenir (ou rester) riche.

Matthieu Ricard les décrit comme des « égoïstes sages » : aider les autres et s'intéresser vraiment à eux permet de recevoir bien plus par la suite.

Fais le bien et jette-le dans une rivière : un jour, il te sera rendu dans le désert, conclut le théologien persan Jalâl Ud Dîn Rumi.

V

LA VIE EST BELLE !

Emprisonnés dans leur passé, terrifiés par leur futur, nombreux sont ceux qui ne prennent plus le temps de vivre pleinement. Pendant une période de mon existence, j'en ai fait partie... avant de me rendre compte que seul le présent avait véritablement de la valeur et réapprendre à savourer chaque moment que j'étais en train de vivre.

Pour ma propre survie, j'ai petit à petit mis en place une boîte à outils que j'ai remplie peu à peu et qui me permet désormais de lire entre les lignes et d'avancer sereinement sur mon chemin de vie. Il m'a fallu trouver une baguette magique pour chaque situation, des potions pour calmer les angoisses, des baumes pour apaiser les douleurs, des antidotes contre la morosité, des solutions à ce qui nous semble insoluble. À vous de cueillir ces petites bulles d'oxygène que je vous livre ici. Qu'elles puissent adoucir votre quotidien et vous aider à approcher une certaine forme d'apaisement intérieur.

Laissez-moi vous transmettre quelques nouveaux petits secrets pour la route...

J'ai 7 ans…

Des personnes de mon entourage proche sont dans un état de détresse absolue, avec des accès de violence au tournant et des envies de suicide au bout des lèvres. Je les observe, impuissante, se détruire, me raconter leur vie en ruine, m'évoquer leur mort proche. Vais-je me laisser enfoncer avec elles ou donner un coup au fond de la piscine pour remonter ? Dans un extrême instinct de survie, je choisis plutôt de développer en moi un optimisme sans limites : je leur montrerai que la vie est belle et qu'elle vaut le coup d'être vécue. Je nagerai avec elles en eaux troubles pour les soutenir, puis je les ramènerai sur la rive de « ceux pour qui la vie n'est plus un problème ». Je décide que je serai une petite fille toujours gaie, sage et irréprochable, bien conforme à ce que l'on attend de moi, pour ne pas déranger, pour faire plaisir et pour guérir leur puissant mal-être. Et quand je serai grande je serai ministre de l'Optimisme.

1

Ramenons-nous sans cesse dans le présent

Le seul endroit où nous sommes vraiment en sécurité, c'est le présent. Il est peut-être loin d'être parfait, voire très différent de nos aspirations profondes, mais nous respirons, nous sommes vivants et, encore une fois, nous avons le pouvoir de tout changer. Il serait peut-être temps d'en profiter à fond en nous délestant du poids du passé pour nous préparer un futur ensoleillé.

Aujourd'hui est un cadeau.
C'est pour ça qu'on l'appelle « présent ».

Raphaëlle Giordano (*Ta deuxième vie commence quand tu comprends que tu n'en as qu'une*)

Incantations pour accueillir le présent : acceptons l'instant et méditons

On devrait utiliser le passé comme trampoline et non comme sofa, déclare l'homme politique et éditeur britannique Harold MacMillan.

Nelson Mandela lui-même, dans sa cellule, confie oublier le passé pour se concentrer sur le présent.

Prendre notre passé pour unique référence limite nos possibilités d'évolution. Ce qui est fait est fait, impossible de faire machine arrière. Pas de remords ou de culpabilité inutile. Nos erreurs du passé sont des enseignements pour demain. L'important est ce que nous faisons en ce moment, pas ce que nous avons fait hier ou accomplirons demain.

Tandis qu'auparavant vous habitiez le temps et accordiez de petites visites à l'instant présent, faites du « maintenant » votre lieu de résidence principal et accordez de brèves visites au passé et au futur lorsque vous devez affronter les aspects pratiques de votre vie[1], conseille le philosophe Eckhart Tolle.

Né avec une infirmité motrice cérébrale due à un étranglement par cordon ombilical, Alexandre Jollien a séjourné pendant 17 ans dans une institution spécialisée pour personnes handicapées avant de devenir auteur de best-sellers, de se marier et de devenir l'heureux père de trois enfants. *Ce qui m'aide, c'est le shikantaza du zen. On pourrait pratiquer le shikan : « juste être là », « juste être un papa », juste être un ami*[2] », propose-t-il.

Hal Elrod insiste lui aussi sur l'importance du moment présent, plus que n'importe quel autre. Une technique qu'il a lui-même mise en place après son grave accident de la route : au lieu de se plaindre, il a pris ses responsabilités en vivant à fond sa nouvelle vie.

1. *Le Pouvoir du moment présent.*
2. *Petit Traité de l'abandon.*

Delphine de Vigan, elle, après avoir traversé l'anorexie et la douleur du suicide de sa mère, livre : *Et si c'était ça le bonheur, pas même un rêve, pas même une promesse, juste l'instant*[1].

J'ai entendu Luana Belmondo s'étonner elle-même : *Comment faisais-je avant pour broyer autant de noir ? On y perd une telle énergie ! Inversement, l'optimisme nous fait gagner un temps incroyable sur tout. À un moment dans ta journée où tu te dis « Je ne vais jamais arriver à faire ça », change ton esprit en « Bien sûr, je vais y arriver ! » et en fait tu te rendras compte que tu y arriveras ! Être optimiste, c'est une marche en plus qui t'aide et rend ce que tu penses impossible possible. Donc, moi, je l'applique tout le temps, même pour me garer : mon fils me dit « Maman, tu ne vas jamais trouver de place ! », je lui dis avec aplomb « Je trouve toujours une place » et j'en trouve une !! L'optimisme te met dans un contexte qui permet aux choses d'arriver. Lorsque tu envoies du négatif, tu en reçois en retour. Je ne vis pas chez les Bisounours non plus, la vie continue à être dure, certes, mais elle est comme tu la positionnes : si tu choisis de la prendre du bon côté, quoi qu'il arrive, même les coups qui vont te secouer te feront beaucoup moins mal.*

Pour nous aider à accueillir plus facilement le moment présent, un excellent moyen reste la pratique de la méditation.

Vous pourriez commencer d'abord par cinq minutes par jour, puis, au fur et à mesure que vous vous habituerez à calmer votre esprit, allonger vos séances.

La méditation augmenterait de 40 % les facultés selon les scientifiques et aurait même des pouvoirs de guérison.

---

1. *No et moi.*

Pourquoi se priver d'une aide aussi précieuse ? Elle vous permettra en tout cas de vous reconnecter avec vous-même.

Le moment le plus propice pour s'y consacrer reste pour moi celui du réveil, puisqu'il paraît que la première chose qu'on fait le matin donne le ton de la journée ! Il est également possible de méditer le soir juste avant de s'endormir.

Lorsqu'on médite régulièrement, nous réalisons peu à peu que les événements trouvent moins de prises négatives sur nous.

Au départ, comme Liz, l'héroïne de *Mange, prie, aime*, il m'a été particulièrement difficile de parvenir à méditer « efficacement » : lorsque j'essayais de me concentrer sur l'intérieur de moi-même, mes pensées partaient dans tous les sens et cela m'énervait prodigieusement, ou a contrario elles me détendaient tellement que je finissais par m'endormir ! J'ai donc décidé de commencer par les méditations pour enfants, souvent moins longues et très imagées. Je me mettais au calme, parfois même dans mon bain, puis je déclenchais l'application que j'avais installée à cet effet sur mon portable et me laissais porter…

Les réfractaires à la méditation classique peuvent trouver ce silence intérieur de mille façons : en se brossant les dents, en écoutant de la musique, sous une douche chaude, en marchant seul dans la nature, en restant silencieux lors d'un trajet en voiture, en s'asseyant pour regarder un coucher de soleil ou encore en s'allongeant à la belle étoile.

Raphaëlle Giordano compare le fait de méditer au comportement d'un chat : prenons exemple sur eux en nous accordant un moment de calme et en « nous contentant d'être » dans le présent. Elle recommande de s'aménager à la maison un endroit zen que l'on peut décorer de fleurs, d'objets symboliques et inspirants, de bougies, d'encens, de statues de Bouddha, de nos livres préférés et de coussins moelleux, qui nous donnera envie de nous y installer pour passer du temps avec nous-même.

Pour nous mettre doucement à la méditation, nous pouvons commencer par fixer notre attention sur un objet qui nous inspire, ou réciter un mantra qui va transformer notre énergie et notre état d'esprit, ou encore nous concentrer sur notre respiration. Il se peut que les premières fois vous ayez la sensation que vos pensées se déchaînent : c'est justement parce que vous prenez conscience de ce flot que vous pourrez le réguler. Commencez par de courtes sessions et ne sortez pas trop rapidement d'une séance.

La psychologue Brenda Barnaby, dont le travail se concentre principalement sur les énergies mentales et le pouvoir de l'individu pour lutter contre les vibrations négatives, propose plusieurs types d'exercices pour apprendre à focaliser son attention, par exemple :

1. Dans la rue : *Arrêtez-vous à un coin de rue, observez les bâtiments du trottoir opposé et choisissez-en un en particulier. Observez-le minutieusement. Comptez les étages et fenêtres ou balcons, découvrez s'ils contiennent des objets ou décorations, étudiez tous les détails. Ensuite, fermez les yeux et tentez de reconstruire mentalement ce bâtiment*[1].
2. En regardant un match dans n'importe quel sport : *Ce que vous devez faire, c'est prêter attention à un seul joueur. Vous devez le suivre constamment, qu'il intervienne ou*

1. *Par-delà le secret.*

pas dans les coups. Essayez de maintenir cet exercice pendant 10 à 15 minutes[1].

Robin S. Sharma conseille de son côté de tester l'exercice « Le Cœur de la rose » : *À la même heure et au même endroit tous les jours : pendant 21 jours, prendre une rose, regarder fixement le centre de la rose, son cœur, fixer la rose, remarquer sa couleur, sa texture, savourer son parfum, évacuer les autres pensées*[2].

Sonia Choquette explique qu'il ne faut pas nous mettre la pression : il s'agit simplement de nous accorder un moment de douceur et de paix, comme une récompense. Elle prône par ailleurs l'idée de méditer toujours au même endroit et à la même heure, afin d'habituer plus facilement notre subconscient.

Deepak Chopra suggère de s'entraîner d'abord à vivre dans le silence. Nous pouvons commencer par une heure (ou deux pour les plus aguerris) par jour.

Le silence et la méditation nous apprendront à percevoir une autre voix dans notre tête : à celle qui critique inexorablement s'ajoutera peu à peu celle de l'autocompassion qui sauve.

---

1. Ibid.
2. *Le Moine qui vendit sa Ferrari.*

2

Faisons le tri dans nos pensées et nos émotions

Comme on le fait naturellement avec son corps, en pratiquant le sport ou en mangeant sainement, il est possible d'éduquer et d'agir positivement sur son esprit.

Il s'agit d'instaurer de nouvelles habitudes dans sa vie – nous en avons déjà évoqué bon nombre ensemble et allons nous focaliser ici sur une autre : désormais, chaque fois que vous aurez une pensée négative, tâchez d'en prendre conscience et remplacez-la aussitôt par une idée positive. Opérer ce *switch* deviendra un exercice de plus en plus naturel avec le temps.

Qui d'autre que vous-même peut choisir la meilleure façon de réagir aux événements qui vous touchent ? Prenez l'habitude de saisir le positif de toute situation et de diriger vos pensées vers ce qui est bon. Vous détenez la télécommande de votre télévision intérieure, vous pouvez donc choisir de zapper sur les chaînes qui vous conviennent le mieux.

J'ai 30 ans…

Je croise Maya à la gare Montparnasse, à Paris. C'est la sœur aînée d'une de mes amies d'enfance. Elle me raconte que sa sœur, devenue alcoolique, lui est tombée dans les bras la semaine dernière en pleurant : « Maya, comment fais-tu, toi, pour vivre ? C'est tellement dur ! Ses mots font profondément écho en moi. J'ai tant de peine pour elle. Je me souviens de sa sœur Cécile lorsque nous étions petites… Si blonde, si jolie, si pleine de vie, si fragile. Comment prévoir alors ce que nous deviendrions, qui aurait plus de mal à avancer que l'autre, à survivre... En même temps, ses mots me font réaliser combien le chemin est difficile pour chacun ; je n'imaginais pas que d'autres pouvaient avoir les mêmes doutes que moi...

J'ai 39 ans…

Le froid qui me saisit quand la porte s'ouvre, l'air qui s'engouffre en moi, des mails qui déboulent sur mon portable. En fond, Zazie et Axel Bauer : *À ma place*. C'est drôle d'entendre ça, *mon âme sœur, cherche l'erreur*, parce que c'est exactement ce que je ressens en ce moment : je suis à la bonne place, à ma place, avec mes cheveux aplatis par le casque de mon scooter, mon écharpe bleue et rose à pompons offerte par Florence, une de mes meilleures amies.
Dans une demi-heure, il sera temps d'aller à mon rendez-vous dans le grand immeuble de télévision juste à côté.

Les deux hommes de la table à côté se sont levés. L'un marche avec des béquilles. *Namasté*, mesdames, messieurs, vous me voyez, vous m'entendez, je suis là avec mon bracelet qui fait du bruit à mon poignet : je regarde ce bébé dans la poussette juste devant ; il a l'air tellement zen, les yeux grands ouverts avec sa tétine dans le bec. Faire comme lui, profiter de l'instant présent, de la vie, tousser sur cette odeur de tabac aigre juste derrière moi, avoir froid encore quand la porte s'ouvre, regarder mon ongle cassé, entendre le téléphone qui sonne sur une musique de Noël. Et me sentir bien, à ma place, juste à ma place. Que la vie est belle au présent.

J'ai 41 ans…

Ils ont six ans et sept ans, je les écoute jouer dans leur chambre, l'esprit concentré sur leurs Pokémons. Et je sais qu'ils sont heureux. Parfaitement heureux.
J'entends leurs mots, leurs rires, leurs négociations, leurs disputes parfois. Mes fils sont heureux…
Et je voudrais tant qu'ils le restent…
J'ai peur de ce qui les attend, de ce qu'ils vont être amenés à découvrir, comme nous tous, sur le chemin : désillusions, chagrins d'amour, décès de proches, trahisons, épreuves en tous genres, lassitude... J'ai peur pour eux, je voudrais les protéger, en faire des chevaliers avec un bouclier magique antichocs.
Je voudrais imprimer dans leur tête comme un tatouage indélébile cet instant précis où ils sont heureux, parfaitement heureux. Mais je ne le peux pas.
Alors, je tente la folle aventure de leur apprendre à redevenir heureux comme à cet instant où ils jouent

dans leurs chambres, insouciants… En leur chuchotant à l'oreille mes formules magiques.
Redevenir heureux et cette fois-ci… le rester !

Il ne faut pas avoir peur du Bonheur,
c'est seulement un bon moment à passer.
Romain Gary

Le superpouvoir pour positiver : sélectionnez attentivement vos pensées et vos émotions

Être heureux, au fond, ne dépend que de la manière dont on voit les choses.

Telles que sont le plus souvent tes pensées, telle sera ton intelligence, car l'âme se colore par l'effet des pensées. Colore-la donc par une attention continue à des pensées comme celles-ci : là où il est possible de vivre, il est aussi là possible de bien vivre[1], enseigne l'empereur romain et philosophe stoïcien Marc Aurèle. On le considère encore aujourd'hui comme l'un des meilleurs empereurs que Rome ait connus…

Ainsi, il serait possible de changer son point de vue sur la vie, de choisir sa propre météo intérieure : décidons qu'il fera beau pour nous aujourd'hui.

Pendant une semaine, tentons l'exercice que présente Sonia Choquette : attendons-nous au meilleur dans notre vie. Qu'il s'agisse de trouver une place dans le bus ou bien pour nous garer, de voir nos réunions aboutir positivement,

1. *Pensées pour moi-même.*

de trouver l'amour ou encore de rencontrer une personne qui va changer le cours de notre vie.

Faisons confiance à la loi de l'attraction : des pensées positives attireront du positif dans notre vie.

Listons nos « déclencheurs secrets », dont Rhonda Byrne explique l'importance : il s'agit en effet de l'ensemble des images positives et bienveillantes (beaux souvenirs, projets motivants, images de la nature ou de personnes que nous aimons, musiques préférées...) susceptibles de changer notre humeur en un clin d'œil lorsque nous en ressentons le besoin.

Vadim Zeland nous conseille de nous souvenir de notre enfance, ce moment où nous tenions pour acquis le fait que le monde prenne soin de nous : adoptons cette même attitude une fois adulte, retrouvons ce sentiment de sérénité et préparons-nous à recevoir le meilleur.

Pour parvenir à adopter cet état d'esprit, Brenda Barnaby propose dans un premier temps de créer un agenda dans lequel nous noterons toutes nos pensées, idées et images mentales de la journée. Chaque jour, prenons le temps de les examiner pour apprendre peu à peu à les contrôler. Elle s'appuie sur la méthode de Bhatnagar, le fondateur indien du Chakta Institute pour l'évolution des espèces humaines, pour repousser les pensées négatives : imaginons que nous sommes irradiés de lumière par un immense soleil dont les rayons viennent détruire toute émotion et image négative.

Chaque matin et chaque soir, Anthony Robbins suggère de se poser des questions énergisantes : « Qu'est-ce qui me stimule vraiment ? » « De quoi suis-je fier ? » « Quels sont les gens qui m'aiment ? » « Quelles sont mes raisons d'être heureux ? » « Quelles sont mes activités préférées ? »...

Comme le lui a appris son ami le psychothérapeute Wayne Dyer, Deepak Chopra, quant à lui, conseille de refuser la négativité en se disant simplement à soi-même : *Passons à autre chose.*

Cette philosophie de vie, Wayne Dyer l'a expérimentée très jeune : malgré une enfance passée dans des orphelinats et foyers d'accueil, il a su surmonter les obstacles dressés sur son chemin pour faire de ses rêves une réalité.

Sur ses traces, Deepak Chopra imagine que les pensées sont comme des invités : nous avons le pouvoir de les laisser entrer chez nous ou de leur barrer le passage. Pour ce faire, il recommande de s'éloigner des personnes négatives qui vampirisent notre énergie.

Comme le montre Robin S. Sharma, plus nous aurons de bonnes pensées, plus le niveau de qualité de notre vie augmentera. Pour nous mettre de bonne humeur, il suggère une méthode plus physique : bouger son corps en répétant les mêmes attitudes que nous avons lorsque nous sommes heureux et enthousiastes.

C'est aussi le credo de la préparatrice mentale Marielle Jimenez Destefanis qui fait prendre conscience aux grands athlètes qu'elle coache qu'ils doivent observer leur corps en détail lorsqu'il va bien, en tenant compte de tous les paramètres extérieurs (lumière, sons, gestes, parfums), puis imprimer cette sensation en eux, pour être capable de la reproduire en cas de besoin.

On a dit mille fois que ce qui compte n'est pas tant ce qui arrive à quelqu'un que la façon dont il affronte la situation[1], rappelle l'homme d'État sud-africain Nelson Mandela.

---

1. *Conversations avec moi-même*.

Fort de cette certitude, attelons-nous à transformer chaque moment de notre vie, même le plus anodin, en un événement positif. Dans leur *Bouillon de poulet pour l'âme*, Jack Canfield et Mark Victor Hansen montrent combien nous pouvons être inventifs pour cela en citant par exemple cette jeune femme qui écrit *Joyeux Noël !* au verso de ses chèques, ou cet homme qui vient de subir un accident de voiture et sourit pourtant à son interlocuteur en lui disant de ne pas s'en faire. Tout ne commencerait-il pas par un simple geste positif ? Et si nous commencions par nous sourire à nous-même dans la glace le matin ?

Certaines personnes voient les choses comme elles sont et se demandent : pourquoi ? Moi, je vois les choses comme elles pourraient être et je me dis : pourquoi pas ? livre John Fitzgerald Kennedy. Depuis son enfance, il souffre atrocement du dos ; âgé de 30 ans, on lui diagnostique la maladie d'Addison, souvent fatale à l'époque. Il est également victime d'ostéoporose et se fait opérer à plusieurs reprises du dos, recevant jusqu'à l'extrême-onction… Combattant dans la US Navy durant la Seconde Guerre mondiale, lorsque son bateau patrouilleur se fait éperonner et couler par un destroyer japonais, malgré de graves blessures, il sauve plusieurs de ses camarades… Et il est finalement devenu l'un des présidents les plus populaires des États-Unis…

3

Traquons le « beau » dans notre quotidien

Chaque jour, je m'efforce de penser à remarquer la beauté du monde. Si vous vous concentrez sur l'éclat de la vie, vos yeux ne s'attarderont plus sur la laideur et vous en libéreront.

Je ne saurais que trop vous engager à vous ressourcer dans la nature, à contempler au moins une belle photo par jour, à aimer le souci du détail, en un mot, à retrouver votre capacité d'émerveillement.

Allons au soleil, viens.

Marilyn Monroe, dans *Les Désaxés* (John Huston)

EXPÉRIENCE

J'ai 14 ans…

Ce poème, petit poème. Petit, mais c'est le mien, que je garde bien précieusement, au fond de moi, bien blotti contre mon cœur pour les jours de grand froid. Ou de peur.

Grand-père me l'a écrit pour mon anniversaire.

Quand la tristesse tapera à la porte, je serai dans la maison bien enfermée à l'intérieur. Pas question de lui donner la clef.

Le Chemin du bonheur

C'est un petit chemin longeant une montagne
Embaumé de sapins, habillé de ciel clair.

Sa fraîcheur vous charme, l'air vous gonfle d'arômes
La tête repose ici où le bruit n'a pas loi
Si ce n'est le froufrou des feuillages du dôme
Et le chant de l'oiseau qui oublie d'être roi

Si le chagrin vous tance, si votre esprit déplore
Pour oublier vos peines, prenez mon petit chemin
Légère sera votre âme, légère sera l'aurore
Et l'esprit s'emplira des espoirs de demain.

J'ai 41 ans…

Mathilde est morte. C'est mon amie depuis la maternelle et elle est morte, là, dans ce cercueil devant moi. Je n'ai jamais rencontré quelqu'un d'aussi positif qu'elle, en dépit des nombreuses épreuves qu'elle a dû traverser – l'impossibilité de tomber enceinte, des parents divorcés, une tumeur au cerveau à 30 ans. Je n'ai jamais entendu Mathilde dire du mal de quelqu'un. Ou se plaindre de sa vie. Depuis qu'elle était toute petite, elle a su profiter de chaque petit bonheur du quotidien. Elle a ensuite rempli les pages d'un carnet de souvenirs pour léguer un journal posthume des idées farfelues à sa fille adoptive de sept ans. Elle a toujours eu un mot pour remonter le moral de ceux qui l'entouraient. Avec elle, c'est un bout de mon enfance qui s'en va, qu'on me vole à nouveau. Une déchirure. Elle a été si généreuse qu'il me devient impossible de ne pas en faire autant pour lui rendre justice.

MES RESSOURCES POUR SE RENDRE COMPTE DE LA BEAUTÉ DE CET UNIVERS : FAIRE SIMPLE

Si la vie n'est qu'un passage, sur ce passage au moins semons des fleurs[1], proclamait déjà Michel de Montaigne.

C'est pendant sa détention de six ans par les Forces armées révolutionnaires de Colombie (FARC) dans la jungle, qu'Íngrid Betancourt s'est véritablement rendu compte de tous ces petits bonheurs du quotidien auquel elle avait auparavant accès et dont elle était à présent privée. Elle s'est jurée que le jour où elle rentrerait chez elle, elle serait bien plus attentive à tous ces petits détails de la vie : mettre des fleurs chez soi, manger une glace... En traversant l'enfer de la captivité, elle a véritablement pris conscience du cadeau de la vie qui nous livre un quota chaque jour sans que nous y prêtions attention de beauté et de dons : petites réserves de délices susceptibles de ressurgir plus tard pour nous recharger dans des situations difficiles.

La jeune Annaëlle Chimoni, qui a vécu toute sa courte vie polyhandicapée et autiste, explique que sa condition lui permet a contrario de profiter à fond des plaisirs les plus infimes.

---

1. *Essais*.

N'attendons pas de vivre des situations extrêmes pour réaliser toute la beauté de ce qui nous entoure : un coucher de soleil, un sourire, le visage d'un enfant, la douceur d'une note de musique, l'odeur de la pluie, le ronronnement d'un chat. *Voir le monde dans un grain de sable / Et le paradis dans une fleur sauvage / Tenir l'infini dans le creux de sa main / Et l'éternité dans une heure*[1], écrivait le poète visionnaire William Blake.

Il faudrait ne jamais regarder le monde avec indifférence ou en se posant en donneur de leçons. Chaque journée doit redevenir excitante. Pour cela, redonnons de l'importance aux moindres détails.

Nathalie Rykiel, fille de la créatrice de mode française Sonia Rykiel, se souvient avec tendresse de sa tante Danièle et de ces petits riens du quotidien qui font tout lorsqu'elle y repense après coup : *S'il fait froid et qu'elle vous entoure d'un châle, il sera doux et de belle couleur. Si elle propose une salade de tomates, elle sera délicieuse : d'abord parce que les tomates, choisies avec soin, auront du goût, ensuite parce qu'elles seront tranchées d'une certaine manière, accommodées avec une herbe et présentées dans une jolie assiette... pas un objet, pas une tasse, un cendrier, une corbeille, une passoire, une poignée de porte qui soit laide, dérangeante ou même ordinaire*[2].

Vous aussi vous pouvez réenchanter votre vie.

Raphaëlle Giordano propose ainsi plusieurs outils à votre disposition pour cela, comme :

1. *Auguries of Innocence.*
2. *L'Élégance.*

1. L'appareil photo imaginaire : lorsque vous sortez de chez vous, concentrez votre esprit sur les choses jolies et agréables qui vous entourent. Soyez à l'affût ! Et quand vous en trouvez une, prenez une photo imaginaire. Vous vous constituerez ainsi un album photo intérieur d'images positives.
2. Le carnet du positif : c'est un répertoire alphabétique dans lequel vous pouvez noter en détail tous vos succès et joies, classés par mots-clefs positifs et évocateurs.

Bärbel Mohr conseille de lister les environnements dans lesquels nous nous sentons bien (un endroit où nous aimions nous asseoir enfant, par exemple), les situations qui nous sont agréables (regarder un album photo, lire une lettre…). Puis, elle soumet l'idée de nous ménager chaque jour deux moments pendant lesquels nous nous accorderons un temps de pause.

Montrons-nous créatif au quotidien : changeons de coiffure, accessoirisons nos vêtements, modifions la décoration de notre bureau…

Oprah Winfrey se fabrique elle-même ce qu'elle appelle « les moments aaah », ces moments particuliers où elle prend le temps d'apprécier la vie, comme lorsqu'elle boit une tasse de masala chai, un thé épicé, pour le goûter, ou qu'elle jardine dans son potager.

On ne saurait que trop le rappeler : passer du temps dans la nature est également un bon moyen de se reconnecter avec les petits plaisirs du quotidien.

Chaque matin, boire une tasse de soleil et manger un épi de blé[1], prescrivait l'écrivain et dramaturge français Jules Renard.

Écoute, je vais t'avouer une chose.
Quand je me suis réveillé ce matin, le soleil
était déjà levé. Le ciel était clair, y avait pas
un nuage, et tout de suite c'est toi que j'ai vue
et j'ai songé : « Mon vieux, ça va être une journée
formidable, lève-toi et profites-en bien. »

JAMES DEAN, DANS *LA FUREUR DE VIVRE* (NICHOLAS RAY)

1. *Journal*.

4

L'optimisme est un muscle qui se travaille

Comme le soulignait Voltaire, être heureux se décide. Il est plus facile de se laisser aller, mais cela ne conduit pas très loin. Avec un peu de discipline, et, croyez-en une avertie, vous pourrez devenir un éternel optimiste et laisser une bourrasque de douceur vous envahir pour alléger vos journées. Rire oxygène le cerveau ; pratiquez sans modération.

EXPÉRIENCE

J'ai 25 ans…

J'ai passé des heures, des jours, des semaines enfermée dans cette chambre aux murs d'un bleu trop sombre. J'ai voulu mourir puisque rien ne dure. Mais j'ai finalement décidé d'adopter une attitude positive, une forme d'oubli volontaire du malheur pour me permettre de continuer. Je gonfle mon iPod d'affirmations positives que je me repasse en boucle quand je marche dans la rue, quand j'avance comme un robot dans le métro ou encore avant de m'endormir :

1. J'ai une mémoire sélective positive
2. Je crois à la gentillesse
3. Je m'entoure de gens optimistes et j'essaie d'éviter les autres
4. Faire le bien est contagieux
5. Chouette, je rentre dans un 38 !!

J'ai 37 ans…

J'apprends à faire preuve d'un peu plus d'autocompassion... Je regarde passer mes émotions négatives ; elles ne dureront pas, puisque rien ne dure… Je fabrique ma boîte à bonheur que je remplis de tous les objets qui me font plaisir. Je tiens aussi mon *Journal d'une optimiste*, où j'inscris toutes mes petites victoires. J'apprends à m'attribuer les mérites de mes succès du quotidien même s'ils sont aussi basiques que choisir de prendre les escaliers plutôt que l'ascenseur... et je m'offre des récompenses comme un bon chocolat chaud !

MON REMÈDE POUR VOUS REMONTER À BLOC : UTILISEZ UN VOCABULAIRE POSITIF ET PRENEZ LA VIE COMME UN JEU

Les mots sont des magiciens, ils peuvent soigner comme dévaster. Il s'agit de choisir très précisément ceux que nous utilisons et d'éliminer tous ceux que nous estimons comme négatifs.

Anthony Robbins explique que les mots prennent le contrôle sur nos pensées qui elles-mêmes sont à l'origine de nos sentiments et de nos actes. Ainsi, chaque mot que nous utilisons entraîne derrière lui tout un système de croyances... La méthode qui en découle est donc simple : changeons notre vocabulaire et nous modifierons nos croyances. L'urgence est donc de prendre le contrôle sur nos paroles, car elles peuvent modifier du tout au tout l'état psychologique.

Pensons à évacuer les mots castrateurs comme « Je dois », « Il faut », « J'ai peur », « Je ne peux pas »…

Remplaçons les « Oui mais » par des « Et si ? » et créons des listes de mots qui nous touchent. Oprah Winfrey, par exemple, adore le mot « délicieux » ; moi, c'est « bonne étoile ».

Parlons de ce que nous aimons.

Posons sur une feuille tous les termes et toutes les expressions négatives que nous avons pour habitude d'employer et inventons une nouvelle façon de nous exprimer avec un vocabulaire positif.

Découvrons de nouveaux mots dans le dictionnaire et amusons-nous à les utiliser dans notre quotidien.

Faisons en sorte que tous les mots qui nous entourent soient inspirants, qu'ils nous rappellent notre objectif et nos aspirations, jusqu'au mot de passe de notre ordinateur ou celui de notre compte en banque. Ainsi, par exemple, je donne toujours des noms positifs aux virements que je fais (« Voyage Londres », « Sunny Times », « Success »…). J'ai également renommé les disques durs de mon ordinateur avec des termes qui m'évoquent la joie de vivre : « Happy », « Éden », « Pink »…

Édictons à voix haute ce que nous souhaitons, ce qui nous fait du bien : « Je vais perdre x kilos », « Je vis dans l'abondance », « Je vais avoir cette promotion », « J'ai une excellente idée ».

Au lieu de nous concentrer sur ce qui va mal et de nous plaindre, exprimons-nous positivement lorsque nous rencontrons quelqu'un : « Je suis en pleine forme », « Je vais vraiment bien », « Passe une super journée », « Tu as vu ce magnifique temps ! »

Rhonda Byrne suggère même de faire une liste chaque mois de tout ce qui nous plaît dans tous les domaines : nourriture, lieux, personnes, odeurs, couleurs, sports, qualités, films, biens matériels, etc.

Pour changer sa vie, il faut également modifier ses conversations, témoigne Christine Lewicki. Conférencière et formatrice en développement personnel, elle vit aujourd'hui à Los Angeles, où elle a découvert la psychologie positive. Un soir, exténuée par sa journée entre les bouchons, le travail et la maison, elle réalise qu'elle n'a pas cessé de se plaindre. Christine fait alors le pari d'arrêter de râler pendant 21 jours consécutifs. Le défi est relevé et de cette expérience naît un livre, devenu un best-seller avec plus de 250 000 exemplaires vendus.

Sonia Choquette montre que nous devons irradier de bonnes vibrations pour attirer le meilleur à nous. Pour ce faire, utilisons des mots positifs, fréquentons des gens joyeux et pleins d'humour avec qui nous nous sentons bien, focalisons-nous sur ce que nous aimons, pratiquons régulièrement nos hobbies, nourrissons notre âme avec des poèmes, des prières, de la musique, des tableaux, des comédies. Affichons des mots positifs sur notre interphone, au dos de notre voiture, relookons le message de notre répondeur. Faisons des compliments, envoyons des messages de paix mentalement aux autres, comme si notre esprit était une radio FM. Arrêtons de critiquer et faisons plutôt des listes de mots gentils qui feront du bien aux autres, puis partageons-les avec eux, de vive voix ou par écrit. Il fut un temps, par exemple, où ma maison était remplie de post-it aux mots bienveillants que je laissais à la disposition de ma famille : qu'il est doux de trouver un mot tendre lorsqu'on ouvre sa commode pour prendre un tee-shirt le matin, ou le midi sur le frigo quand on repasse en coup de vent du bureau.

Devenons notre meilleur ami. Soyons notre propre héros du quotidien, surprenons-nous, concentrons-nous sur ce que nous aimons chez nous comme chez les autres.

Si vous êtes à court d'idées pour pimenter votre quotidien, jetez un œil sur le livre *La Vie en rose, nouveau mode d'emploi*, où Dominique Glocheux partage tous ses petits plaisirs : *Collectionnez sans cesse de nouveaux « marqueurs » dans votre vie : des rituels qui n'appartiennent qu'à vous, des fêtes-surprises, des photos-souvenirs, de nouvelles lubies, des objectifs insolites, des décisions bien tranchées, des objets-témoins, la liste sans fin de vos favoris, etc. Vous donnerez plus de sens, de relief et de repères à votre vie.*

Frappé à 28 ans par un grave accident de voiture sur les Champs-Élysées, à Paris, qui le plonge dans le coma pendant quatre semaines, Dominique Glocheux a été hospitalisé durant 19 mois. C'est à partir de ce moment qu'il entame une nouvelle vie : alité, il commence à écrire ses fameuses maximes sur le bonheur…

Raphaëlle Giordano exprime également la nécessité de se créer des ancrages positifs : lorsque nous vivons un moment fort, associons-lui un geste précis, comme se pincer le petit doigt. Puis reproduisons ce geste chaque fois que nous en avons besoin dans notre vie pour avancer sereinement en retrouvant cet état émotionnel de félicité.

Bärbel Mohr compare la vie à un grand supermarché : les clients les plus ouverts et chaleureux peuvent bénéficier d'une livraison plus rapide… À bon entendeur !

Broyer du rose ne dépend que de nous…
Nous avons le devoir de travailler, tel un muscle, notre capacité au bonheur.

Sœur Emmanuelle, qui reste l'une des personnalités les plus aimées par les Français, écrit : *C'est extraordinaire ce qu'on peut faire avec un sourire*[1].

Pour le poète Victor Hugo, le rire est un « distributeur d'oubli », pour le philosophe Alexandre Jollien, c'est un « instrument de liberté ». Pour Robin S. Sharma, il est le « médicament de l'âme » et c'est pourquoi il nous encourage à faire une séance de rire chaque matin devant notre miroir pendant deux minutes. Alexandre Jollien, lui, lorsqu'il se sent un peu déprimé, se fixe le défi de faire rire la prochaine personne qu'il croise. Une thérapie tonique express aux résultats garantis. Le proverbe français ne dit-il pas *Qui rit guérit* ?

Prenons ainsi l'habitude de rire chaque jour, de mettre de la légèreté dans notre quotidien et de prendre la vie avec

---

1. *Le paradis, c'est les autres.*

humour. Ressassons avant de nous endormir toutes les raisons que nous avons de rire de notre journée.

Notre vie doit devenir une fête : regardons des films qui nous font rire, chantons dès le matin, dansons sous la douche, inventons des grimaces avec nos enfants !

Faisons comme Napoleon Hill, qui fête chacun de ses anniversaires en retirant une année à son âge, comme Oprah Winfrey qui choisit de danser sur la chanson de Lee Ann Womack : *Quand tu as le choix entre rester assise et danser, j'espère que tu danses,* ou comme Deepak Chopra, qui se lance dans une chasse aux fantômes avec ses enfants en passant l'aspirateur ou récite des poèmes en faisant la vaisselle !

Un jour sans sourire est un jour perdu.

Charlie Chaplin

Conclusion

Nous arrivons au terme de ce fabuleux périple ensemble. Vous êtes parti loin, très loin au fond de vous, et j'ai adoré faire ce voyage à vos côtés. Je souhaite que la vie nous donne l'occasion de nous retrouver prochainement pour vivre de concert de nouvelles aventures intérieures.

En attendant, quelle étrange sensation pour moi de terminer ce livre initiatique sur la plage de l'île de Saint-Barthélemy. « Saint-Barth », un lieu qui peut parfois paraître si superficiel dans les magazines people... J'en avais rêvé pendant de longues années avant de m'y rendre. Elle faisait partie de mon tableau de visualisation. Je voulais faire comme toutes les personnalités que je voyais s'étaler dans les journaux. Je voulais moi aussi me baigner dans le lagon vert et bleu de la baie de Saint-Jean, fouler le sable blanc de la plage du Guanahani, lézarder au soleil, boire des mojitos dans des fêtes, sortir jusqu'à m'en étourdir. Comme pour répondre à mes attentes, la vie a fait que j'ai pu m'y rendre à moindre coût par un concours de circonstances : j'ai rencontré à Paris des habitants de Saint-Barth qui, devenus bien plus tard des amis très proches, ont tout arrangé pour que ce séjour me soit le moins onéreux possible. Moi qui stressais tellement à l'idée de partir seule où que ce soit, je n'ai pourtant pas eu peur en avion. J'ai monté à fond le son du film pour ignorer les turbulences extérieures – et intérieures – que je traversais. Je suis venue déposer mes chagrins à Saint-Barth. J'ai pleuré devant tant de beauté. J'ai pleuré d'abandon, j'ai enterré mes tristesses sous le sable fin. J'ai laissé l'univers entier me parler, la nature infinie remonter dans mon âme. Sur la plage de Saint-Jean, j'ai pardonné. J'ai fait la paix avec la vie pour vous livrer ce grimoire empli des secrets que la vie a bien voulu me confier. Puisse-t-il vous être utile et vous emmener vers les endroits de votre cœur où il fait beau. Je voulais juste partager avec vous un bout de mon soleil.

Et souvenez-vous : *Le plus grand voyageur n'est pas celui qui a fait dix fois le tour du monde, mais celui qui a fait une seule fois le tour de lui-même*, disait Gandhi. Rappelez-vous de toujours prendre la vie comme un jeu. Vous n'avez rien à perdre, lancez-vous. Réveillez-vous en vous demandant quelle sera votre contribution du jour pour le monde, utilisez votre imagination chaque minute pour transformer les tâches harassantes du quotidien en moments stimulants. Arrêtons de prendre la vie au sérieux, amusons-nous.

Qu'attendez-vous pour vivre la vie que vous méritez ? Aujourd'hui est le premier jour du reste de votre vie. À vous de poser la première brique. Construisons un autre monde ensemble.

Annexe 1

La conciergerie de l'optimisme

Mes petits trucs en plus

Puisqu'on parle de petits plaisirs du quotidien, voici quelques bulles d'oxygène que vous pourrez intégrer dans votre vie si vous le souhaitez. Certaines d'entre elles sont totalement gratuites, d'autres nécessitent un investissement ; à vous de les mettre en pratique au fur et à mesure en fonction des finances du moment. En ce qui me concerne, je cherche sans cesse à mettre plus de vie dans la vie. Vous transmettre mes petites bulles de bonheur, c'est aussi partager avec vous cette envie d'un quotidien sans cesse renouvelé et sublimé.

- Enregistrer les ambiances qui m'inspirent et me touchent sur le dictaphone de mon portable : vous pouvez y trouver en vrac le *Banana* des Minions lancé par mon plus jeune fils quand il avait six ans, les chants des oiseaux à Nice, les vagues de Saint-Barth, un cours de journalisme que m'a fait un rédacteur en chef sur un sujet qui me semblait ardu, le « Je t'aime » ensoleillé de mon aîné, etc.

- Changer mon message répondeur : « Laissez-moi des mots doux, des mots qui rendent heureux. »
- Mettre un bouddha dans mon entrée.
- Faire un patchwork de photos d'identité en noir et blanc de tous ceux qui me boostent : les gens que j'aime et ceux qui traversent positivement ma vie : famille, amis, collaborateurs, personnes inspirantes, patrons... Coller les photos directement le mur jusqu'à ce qu'on n'en voie plus dépasser une seule parcelle.
- Écrire sans les signer des lettres pleines de douceur à des gens que je ne connais pas.
- Me créer une adresse mail avec un nom positif symbolisant mon futur moi, puis y laisser des messages bienveillants.
- Préparer des choux maison et en offrir à des amis chez qui je suis invitée.
- Dresser la liste de mes trésors.
- Envoyer par SMS le clip de Claude François, *Je viens dîner ce soir*, pour prévenir une copine de mon arrivée.
- M'endormir avec le bruit des cigales.
- Surprendre mes enfants à la sortie de l'école.
- M'inviter moi-même au restaurant.
- Donner des livres « solutions » à mes amis, qui correspondent à leurs soucis du moment.
- Inventer une date spéciale pour un vrai réveillon de filles.
- Faire des cadeaux à des personnes sans leur dire que cela vient de moi.
- Poser des questions à celle que je serai dans 10 ans avant de m'endormir.
- Laver, nettoyer, jardiner... sans me plaindre et en y prenant même plaisir.

- Mettre une balançoire dans ma chambre.
- Décider d'une nouvelle attitude à adopter quand je mange dehors : aujourd'hui, je suis un top model qui fait attention à sa ligne !
- Faire comme si je défendais quelqu'un d'autre en parlant de moi.
- Écrire mes sensations fortes sans les censurer ni les juger... Puis brûler cette liste.
- Me regarder chaque matin dans le miroir en détaillant ce que j'aime physiquement chez moi.
- Tous les mois, faire une surprise à quelqu'un d'important à mes yeux.
- Me laisser un message chaleureux sur mon répondeur quand je suis au bout du rouleau.
- M'endormir devant la photo d'une personne que j'aime.
- Dire oui au bonheur, ce qui équivaut à dire non aux personnes et aux événements stressants.
- Lister sur un avion en papier tout ce que je ne veux plus, et le regarder s'envoler depuis un pont, faisant la course avec ceux de mes enfants.
- Faire l'inventaire des trucs à vivre absolument.
- Me féliciter à grandes pompes au moins une fois dans la journée : « Bravo mon amour ! » Oui, parce que maintenant je m'aime.
- Entrecouper mes journées de travail de petits plaisirs : « O. K., si pendant deux heures tu planches sans lever la tête sur ce projet, tu auras le droit de faire une pause chocolat chaud à 16 h. »
- Avoir toujours sous la main mon cahier des « jolies choses » et me féliciter chaque soir pour trois actions que

j'ai réussies dans la journée en inscrivant toutes les idées de récompenses que je peux trouver. (Prendre un bon bain chaud, faire un massage des pieds, mettre un nouveau vernis à ongles, regarder une vidéo sur YouTube, écouter une musique précise, m'offrir des fleurs, manger un carré de chocolat, acheter un journal que j'aime…)

- Dresser la liste de tous les pays où j'ai envie de voyager.
- Remercier pour tout ce qui m'est arrivé de beau aujourd'hui.
  Trouver un nom sexy ou encourageant et l'utiliser comme mot de passe de mon ordinateur.
- Poser sur papier toutes les choses magnifiques que j'ai déjà réalisées ou réussies.
- Me comporter avec les autres comme s'il s'agissait de moi-même.
- Me donner un objectif pour Noël. Exemple : 57 kg le 25 décembre (objectif moins 6 kg).
- Faire du sport deux fois par semaine, puis tester l'électrostimulation, le sport des paresseuses.
- M'allonger tous les matins sur mon tapis aux fleurs pour rééquilibrer mon dos et mes énergies.
- Saupoudrer mes plats de curcuma, l'épice de la bonne humeur.
- M'entraîner à la danse du ventre.
- Me souvenir de toutes les choses les plus folles que j'ai faites… et savourer.
- Me laver la bouche tous les matins pendant cinq minutes avec de l'huile de coco : ça rend les dents bien blanches et saines.
- Jeûner du dimanche soir au mardi matin pour mettre mon foie au repos, juste pour voir si j'en suis capable.

- M'inscrire à un cours de piscine pour apprendre à bien respirer dans l'eau. Roberto, *mio palmo* !
- Manger céréales, kiwi, banane et amandes grillées au petit-déjeuner pour déjeuner léger le midi avant de m'enfiler un moelleux au chocolat à 16 h.
- Apprendre à faire la position du guerrier au yoga. Wazaaaah !!
- Lister mes 100 rêves les plus délirants.
- Consulter mon compte toutes les semaines sur Internet et affubler mes virements et dépenses de noms décalés qui me font rêver.
- Acheter un podomètre pour mesurer mon nombre de pas par jour... puis atteindre les 10 000 pas quotidiens.
- Mettre des colorants dans ma pâte à crêpes pour en faire des roses, des bleues et des vertes.
- Me déconnecter d'Internet et de tous les réseaux sociaux et garder la bouche cousue pour une journée complète…
- Marcher, courir, sauter, taper du pied, tambouriner, danser sur de la musique rythmée en rentrant de promener mon chien le matin.
- Déguster lentement de la glace à la pistache et de la confiture d'oranges amères comme quand j'étais petite.
- Dédier une étoile à ceux que j'aime : www.starbox.fr / www.starregistry.com
- Maîtriser parfaitement trois recettes et inviter à dîner des amis.
- Inventer une nouvelle langue pour mieux mettre en valeur la magie de la vie, les autres et moi-même.
- Prendre rendez-vous avec mon corps comme je pourrais le faire pour un rendez-vous professionnel.

- Dénicher une recette sur Internet et me lancer dans un Rainbow Cake (un gâteau arc-en-ciel) pour 10 alors que nous ne sommes que 3 à manger à table ce jour-là.
- Fêter l'anniversaire d'une personne que j'aime avec des ballons qui volent partout au plafond de sa chambre.
- Accoucher sur la playlist de mes musiques préférées.
- Goûter un plat les yeux bandés pour en apprécier mieux chaque saveur.
- Dire aux autres « C'est de tout cœur ! »
- Essayer d'être toujours avec les autres dans un état d'équilibre d'intérêt.
- Répondre au téléphone en disant Aloha.
- Faire l'école buissonnière avec mes enfants pour les emmener à Disney World.
- Faire la liste des coïncidences de la journée sans réfléchir... puis réfléchir dessus.
- Créer de nouvelles salades aux mélanges improbables et leur donner des noms inspirants.
- Accueillir à la maison, déguisée en Superman, mes enfants qui rentrent de l'école.
- Me lever une heure plus tôt le matin pour relire mes objectifs, feuilleter des livres inspirants, visualiser mes cibles et méditer.
- Télécharger sur mon téléphone portable la sonnerie Buongiorno Principessa !
- Tester la réflexologie plantaire ou découvrir l'aromathérapie.
- Apprendre à réaliser un smocky eyes.
- Cheveux relevés, essayer un style années 1960.
- Écrire une lettre d'amour à la petite fille qui est en moi.

- Mettre de la jolie lingerie, juste pour moi.
- Me repasser en boucle des films drôles ou glamour dans les jours de déprime.
- Donner un euro par jour au premier SDF que je croise.
- Hurler, mais vraiment hurler !!! Dans un coussin chez moi.
- Danser comme une folle devant ma glace sur *All by Myself,* à la Bridget Jones.
- Faire la liste de tous ceux que j'aimerais rencontrer.
- Retrouver mes anciens carnets d'adresses et rappeler des amis dont je n'ai plus de nouvelles depuis longtemps.
- Mettre des pivoines roses partout dans ma maison.
- Tenter de customiser un jean simple avec des écussons, des boutons, des perles... Personne n'aura le même que moi, désormais, même si je ne sais pas coudre !
- Me faire un cocktail de fruits et légumes avec une centrifugeuse pour avoir la pêche : 1/3 de jus de citron, 1/3 de jus de carottes et 1/3 de jus d'orange.
- Me perdre dans les rues, sans portable.
- Organiser un dîner avec des amis que j'ai perdus de vue.
- Poser une jolie bougie sur le rebord de la baignoire et prendre un bain chaud.
- Mettre enfin les pieds à la médiathèque.
- Préparer des soupes ou des plats en grande quantité un week-end sur deux, les congeler et me faire un petit plaisir chaque soir.
- Sentir la fleur d'oranger, la vanille, le jasmin, le monoï, la clémentine... Changer mon parfum tous les jours en fonction de mon humeur du moment.
- Écrire le plus souvent possible des lettres d'amour. Parce que ça me fait du bien.

- Me comporter comme si je vivais dans un château. Et laisser mon manteau à mon majordome imaginaire en entrant chez moi.
- Apprécier ma compagnie et m'offrir des fleurs.
- Noter dans un petit carnet toutes les personnes avec qui j'ai envie de déjeuner et de partager des choses. Chaque fois que j'en croise de nouvelles, les inscrire dans mon carnet.
- Garder sur la messagerie de mon portable les voix des gens que j'aime.
- Donner un nom à mon ange gardien et l'appeler par son prénom.
- Me faire tatouer une étoile sur la nuque lorsque j'aurai terminé d'écrire ce livre.
- Prendre des minipolaroïds des gens que j'aime et les accrocher sur mon frigo.
- Essayer de parler moins ou seulement quand j'ai des choses importantes à dire, en articulant bien et en posant ma voix. Pour être mieux entendue.
- M'envoyer des cartes postales à moi-même.
- Mettre sur mon bureau des post-it motivants et fous du style : *RDV avec Spielberg reporté à mardi*, *Confirmer vol New York*, *Caler Noël à Saint-Barth…*
- Au bureau, donner des titres provocateurs aux pochettes de mes dossiers.
- M'habiller, me coiffer, me maquiller comme si j'avais le rendez-vous de ma vie dans la journée.
- Remplacer chaque miroir chez moi par un miroir amincissant.
- Asperger mon linge, mes serviettes, mon oreiller d'eau de

fleur d'oranger, en mettre aussi dans ma centrale vapeur pour repasser.

- Placer les photos des personnages qui m'inspirent au-dessus de mon lit.
- Cacher des mots d'encouragement dans mes habits, les oublier, puis les retrouver par surprise un matin gris avant de partir travailler.
- Envoyer anonymement à mes fils chaque année à la même date un poème que j'aimais, ado.
- Me lancer un minidéfi par jour.
- M'offrir une récompense chaque fois que je relève un défi.
- Trouver la meilleure recette de moelleux au chocolat et lui donner mon nom.
- Mettre mon diadème de princesse sur ma tête pour faire le ménage ou toute autre tâche qui me saoule profondément d'ordinaire.
- Partir gagnante le matin en me souriant dans le miroir.
- Prendre de la distance avec tous ceux qui essaient de me dissuader de prendre des risques et me rapprocher de ceux qui me poussent à oser et à rêver.
- Afficher autour de moi les photos des personnes qui me donnent la pêche.
- Faire la liste de tous les aliments qui aideraient à secréter sérotonine et endorphine, les « hormones de la bonne humeur », et en mettre dans chacun de mes repas.
- Me brosser les dents en pensant à trois choses positives qui se sont passées dans ma journée.
- Faire du shopping intelligent : lorsque je m'achète un vêtement, me demander s'il va aller avec deux de mes tenues minimum.

- Choisir (autant que possible) de ne faire que des choses qui m'apportent de la joie. Si ce n'est pas le cas, exit !
- Garder du beau papier à lettres ou des jolies cartes sur moi et écrire des mots doux aux gens qui m'entourent lorsque, en avance à mes rendez-vous, il m'arrive de me poser dans un café.
- Assembler tous les SMS gentils que j'ai reçus, la liste des compliments qu'on m'a faits, les lettres pleines de douceur qu'on m'a envoyées, les commentaires sympas sur moi sur Facebook, et les consulter quand je vais mal.
- Aller en vélo au bureau et redécouvrir plein de détails auxquels je ne faisais plus attention sur le chemin.
- Me préparer une playlist des chansons qui accompagnent mes rêves. Les écouter et m'envoler.
- Ne jamais regarder derrière moi sauf si c'est pour me rendre compte de tout le chemin que j'ai parcouru jusque-là.
- Garder 10 minutes par jour pour régler tous mes problèmes de nounous, de factures, de démarches administratives. Détester ça, puis me sentir beaucoup mieux ensuite !!! Voilà mes 10 minutes sadiques.
- Assortir mon vernis à ma tenue, parce que je le vaux bien.
- Mettre de l'huile pailletée dans mon décolleté pour briller dans ma tête.
- Poser des questions à la personne que je serai dans 10 ans.
- Me faire un cadeau chaque mois, même tout petit : un magazine, un vernis à ongles, un gâteau, une crème...
- Dire à mon esprit de temps en temps : « Je te laisse libre de penser ce que tu veux », pour stopper les pensées négatives.

- Tenir dans ma main des cristaux de quartz clair ou améthyste pour canaliser et amplifier mon énergie, ou de la tourmaline contre les énergies négatives, un rubis pour la motivation et l'action, de la cornaline pour guérir les traumatismes et l'accumulation de stress, de la turquoise et une aigue-marine pour la joie.
- Garder une obsidienne – une pierre connue pour ses vertus protectrices – dans ma chambre.
- Enregistrer sur mon dictaphone les phrases qui me rassurent et les écouter avant de m'endormir.
- Chanter à tue-tête sur mon scooter le long des berges de Seine.
- Danser sur une musique que j'adore pendant que je fais le ménage.
- Me coucher uniquement après avoir fait les comptes avec moi-même : ai-je été une chouette personne aujourd'hui ? Si ce n'est pas le cas, je réfléchis à un moyen de réparer ne serait-ce qu'en commençant par m'excuser en pensées.
- Imaginer que je garde dans ma main la télécommande de ma vie et que je peux zapper sur une autre chaîne à ma guise.
- Prendre le temps de cuisiner un repas complet appétissant, même lorsque je suis seule, par respect pour moi-même : je dois être ma meilleure amie.
- Comprendre que, si quelqu'un me dit que c'est impossible, c'est uniquement parce qu'il ne l'a pas encore vu, pas parce que ça l'est réellement, impossible.
- Diviser la vie en deux : ça, c'est Bridget, ça, ce n'est pas Bridget.
- Monnayer des câlins en M&M's.

- Terminer tous mes mails par une signature pleine d'optimisme. (Exemple : encore plus de sourires avec Christelle.)
- Commencer la couture : commander des patrons de grands couturiers, une machine à coudre et des tissus tout doux (*mapetitemercerie.com*).
- Organiser une chasse au trésor à la maison.
- Tenter un massage ayurvédique.
- Donner des noms à mes objets favoris.
- Demander : « Tu as pensé quoi de mon travail ? »
- Choisir un mot pour donner le ton de chaque mois. Ce mois-ci, ce sera « bienveillance ».
- Me raconter ma journée inversée en la décrivant telle qu'elle aurait dû être : idéale !!
- Toujours garder en tête mon *safe place* : l'endroit où je suis en sécurité. Pour moi, c'est cette plage du Kenya où je jouais, petite, avec mes frères. Il faisait beau, j'entendais le bruit des vagues, je sentais le parfum de la mer, nous mangions de la noix de coco, un singe était descendu de l'arbre pour siffler mon verre ! Le bonheur, quoi. Ce lieu me réchauffe dans les coups durs. Et vous ?

Les films qui me font du bien

- *Bridget Jones 1, 2, 3*, et tous les autres !! de Sharon Maguire
- *Into the Wild* de Sean Penn
- *Il était temps* de Richard Curtis
- *Nuits blanches à Seattle* de Nora Ephron
- *Coup de foudre à Notting Hill* de Roger Michell
- *Wild* de Jean-Marc Vallée
- *Certains l'aiment chaud* de Billy Wilder

- *Forrest Gump* de Robert Zemeckis
- *Vous avez un message* de Nora Ephron
- *Et Dieu créa la femme* de Roger Vadim (pour Brigitte Bardot...)
- *Une histoire vraie* de David Lynch
- *Monsieur Schmidt* d'Alexander Payne (avec Jack Nicholson : ou comment sortir de sa zone de confort)
- *La vie est belle* de Frank Capra
- *Le Fabuleux Destin d'Amélie Poulain* de Jean-Pierre Jeunet
- *À la recherche du bonheur* avec Will Smith (ou l'importance de la ténacité)
- *La vie est belle* de Roberto Benigni (tout est si grave qu'il faut être léger)
- Tous les films avec Louis de Funès ou Robin Williams
- *La Chèvre*, *Les Compères* et *Les Fugitifs* de Francis Veber
- *En quête de sens* de Marc de la Ménardière
- *Le Cercle des poètes disparus* de Peter Weir
- *L'Infinie Puissance du cœur* de Baptist de Pape

Les musiques qui m'acccompagnent

- Le rire de mon cadet
- Les mots d'amour de mon fils aîné
- Les termes « bienveillance » et « positif »
- *Déranger les pierres* de Julien Clerc
- *Partons vite* de Kaolin (*Ris plus fort et parle moi / De nos projets, nos rêves tout ça*)
- *Let it Be* et *The Fool on the Hill* des Beatles

- *Blue Eyes* de Elton John
- *I Gotta Feelin'* des Black Eyed Peas (*Tonight is gonna be a good good night*)
- *Kiss* de Prince
- *Le Temps qui reste* de Serge Reggiani
- *Uptown Funk* et *When I Was Your Man* de Bruno Mars
- *Ton héritage* de Benjamin Biolay
- *Smile* de Charlie Chaplin
- *Le Prélude de Bach* de Maurane
- *Home Again* de Michael Kiwanuka
- *Five Seconds* de Rihanna
- *Girls Just Wanna Have Fun* de Cyndi Lauper
- *Empire State of Mind* d'Alicia Keys
- *Clandestino* de Manu Chao
- *Le Portrait* de Calogero
- *Jenny* de Gérald de Palmas
- *Take Me to Church* de Hozier
- *Heavy Cross* de Gossip
- *Aussi libre que moi* de Calogero
- *Budapest* de Georges Ezra
- *Les Mots bleus* de Christophe
- *Sittin' on the Dock of the Bay*… aussi pour la version de *Playing for Change*
- *Elle me dit* de Mika
- *Man in the Mirror* de Michael Jackson
- *You've Got a Friend* de James Taylor
- *Je connais des bateaux* de Mannick
- *All about that Bass* de Megan Trainor

- *Je vole* de Michel Sardou (*Mes chers parents, je vole*)
- La musique thérapeutique du docteur Monroe
- *L'Encre de tes yeux* de Francis Cabrel (*Tu viendras longtemps marcher dans mes rêves / Tu viendras toujours du côté où le soleil se lève*)
- *Nobody* de Felix Jaehn

Les affirmations qui m'apaisent

- Je fais toujours de mon mieux
- J'aime la personne que je suis
- Chaque fois que je fais quelque chose, ça tourne bien
- Je suis agréable, douce et lumineuse
- J'ai pris le chemin de droite, celui qui monte vers la lumière
- J'ai fait la paix avec moi-même
- Mon monde prend soin de moi
- J'ai foi en moi, je peux obtenir tout ce que je désire
- Je collectionne les moments heureux
- Ce n'est pas moi qui suis trop grosse, c'est le vêtement qui est mal coupé
- Je n'en fais qu'à mon cœur
- Parfois, quand on perd, on gagne

Les personnalités qui me parlent

- Julia Roberts, pour son sourire et son charme
- Nelson Mandela, pour sa générosité et son endurance
- Brigitte Bardot, pour son animalité

- Le Mahatma Gandhi, pour sa discipline et son ouverture aux autres
- Anne Hathaway, modèle de douceur et de beauté
- Sœur Emmanuelle, pour son engagement et son charisme
- Jackie Kennedy, pour son élégance et sa classe
- Albert Einstein, pour son intelligence émotionnelle
- Cameron Diaz, pour son énergie et sa volonté
- Steve Jobs, pour sa clairvoyance

Les petites applis qui vont bien

- Méditer 20 minutes avec *Head Space, Namatata, Calm, Zenfie* ou *Petit Bambou* le matin. Le top : *Petit Bambou Kid* qui explique et vulgarise de manière ludique les différentes phases de la méditation pour débutants.
- Se mettre à la gym avec les exercices de *7 Minutes.*
- Lire les enseignements de l'appli *Secret Daily Teachings.*
- Entrer trois événements quotidiens pour lesquels je suis reconnaissante dans mon journal virtuel *5 Min Journal.* J'y mets aussi des photos qui me font du bien.
- Créer mon avatar sur *My Idol ou Bitmoji.* Je l'habille chaque fois différemment en fonction des jours, ça fait du bien à l'ego puisqu'on peut se visualiser mince, jolie, athlétique... Bref, la meilleure version de nous-même, utile pour la visualisation lorsqu'on veut perdre du poids !!
- Utiliser *Pinterest* pour classer des photos qui me plaisent et qui peuvent aussi servir à étayer mon tableau de visualisation.
- Corriger et améliorer ma position à table, au bureau ou dans la rue grâce à *Posture Corrector.*

- Télécharger des sons apaisants comme ceux de bols tibétains sur le site *www.mindfullnessdc.org/mindfulclock.html*
- Écouter des conférences inspirantes sur *www.ted.com*
- Crouler sous les compliments avec *Smile/Your Compliments* qui m'en délivre tous les jours… parce que ça fait toujours du bien de s'envoyer des fleurs.
- Acheter des lanternes volantes sur le site *skylantern.fr*, en offrir aux gens que j'aime et les regarder ensemble disparaître dans le ciel après avoir fait un vœu. Ou « shopper » sur ce site des ballons géants.
- Regarder l'Instagram de Marie-Olympia de Grèce, fille de Marie-Chantal de Grèce et Pavlos de Grèce, et m'inspirer de sa jeunesse dorée pour vivre la même dans ma tête : *instagram.com /olympiagreece*
- Choisir des fleurs de Bach : Cherry Plum contre les envies de sucré, Crab Apple pour se booster, Gentian pour se réconforter (*www.fleursdebach.com*).
- Noter sur *Smylife* mes expériences de la journée. Puis secouer mon portable avant de m'endormir pour relire les trois plus belles, générées automatiquement. Le bonheur !

Le bridget (mon moelleux au chocolat)

Tout le monde me réclame à grands cris la recette de mon gâteau au chocolat cœur coulant. Si vous saviez comme il est simple à réaliser !!

Je vous livre donc ici encore un de mes secrets pour lutter contre des jours gris sans soleil :

Mélangez 3 œufs, 180 g de sucre, 140 g de chocolat noir et 140 g de beurre mou. Rajoutez-y 70 g de farine.

Mettez-le dans un moule à cake, puis enfournez-le à 160 °C pendant 20 minutes. Attention, le plus important : planter un couteau de temps en temps pour vérifier que le moelleux reste bien mi-cuit à l'intérieur…

Annexe 2

Mes amis bienveillants

Ali, Mohamed

Boxeur américain, véritable icône sportive, figure du combat pour la reconnaissance des droits civiques des Noirs américains.

Baptisé Cassius Clay à sa naissance, il se convertit à l'Islam, prenant le nom de Mohamed Ali.

À 18 ans, il devient champion olympique des mi-lourds.

Premier boxeur sacré trois fois champion du monde chez les lourds. 61 combats, 56 victoires, 5 défaites.

Élu cinq fois boxeur de l'année, couronné « sportif du XXe s. » par la BBC.

Condamné à une lourde peine, il lui est aussi interdit de boxer pendant trois ans et demi suite à son refus de faire la guerre du Vietnam.

Son match à Kinshasa contre George Foreman, qu'il met K. O. à la huitième reprise, est considéré comme l'un des plus grands combats de tous les temps.

Amma (Mata Amritanandamayi)

Sage indienne.

Issue d'une famille pauvre de pêcheurs, Amma vient en aide, dès son plus jeune âge, à toutes les personnes en souffrance qu'elle rencontre.

Amma (« mère » en hindi) est devenue une figure humanitaire et spirituelle qui a étreint dans ses bras plus de 36 millions de personnes à travers le monde.

Elle répand son message d'amour et de tolérance partout sur la planète au cours de grandes tournées mondiales.

Elle vient en aide aux plus démunis avec ses œuvres caritatives Embracing the World.

Amma a reçu de nombreux prix, notamment le prix Gandhi-King pour la non-violence en 2002.

Angelou, Maya

Poétesse et écrivain américaine.

Figure du militantisme pour les droits civiques des Afro-Américains et représentante emblématique de la vie artistique et politique aux États-Unis.

Elle vit une enfance difficile et miséreuse entre l'Arkansas, État du Sud où sévit la ségrégation, et Saint Louis. Violée par le compagnon de sa mère à l'âge de sept ans, elle perd l'usage de la parole pendant cinq ans.

Mère célibataire à 17 ans, pour joindre les deux bouts, elle est tour à tour conductrice de tramways, cuisinière et effeuilleuse dans des cabarets.

Consécutivement danseuse, chanteuse, comédienne, c'est sous l'impulsion de son ami James Baldwin qu'elle se met à écrire.

Elle côtoie Malcolm X et accompagne Martin Luther King dans son combat pour les droits civiques des Noirs, coordonnant même la section new-yorkaise de son organisation.

Son premier recueil de poèmes a été proposé pour le prix Pulitzer.

Elle a lu son poème *On the Pulse of Morning* à la demande de Bill Clinton lors de son discours d'investiture à la présidence des États-Unis

Elle a influencé de nombreuses personnalités noires américaines, dont la célèbre journaliste Oprah Winfrey qui fait souvent référence à elle.

Ses œuvres figurent au programme des écoles américaines.

Apollinaire, Guillaume

Poète et écrivain français.

Né d'une mère polonaise et d'un père italien.

Après des études à Monaco et Nice, il échoue au baccalauréat et compose ses premiers poèmes.

Blessé à la tête par un éclat d'obus lors de la Première Guerre mondiale, il est trépané.

Après des mois de convalescence, il se remet à l'écriture et invente le mot « surréalisme » dans un courrier adressé au poète belge Paul Dermée.

Ami de Pablo Picasso et de Max Jacob, il est considéré comme l'un des plus grands poètes du début du XXe s.

Aznavour, Charles

Auteur-compositeur-interprète et acteur français d'origine arménienne.

Il voit le jour par hasard à Paris, alors que ses parents, apatrides de passage en France, attendent un visa pour les

États-Unis. Sa naissance changera le cours de leurs vies. Il quitte très vite l'école avec un certificat d'études en poche.

Il commence à chanter à l'âge de neuf ans.

Repéré par Édith Piaf, il devient son homme à tout faire, son secrétaire et confident.

À 36 ans, sa carrière décolle véritablement en décembre 1960 à l'Alhambra : après 7 chansons devant un public froid, il interprète *Je m'voyais déjà*. Le public n'applaudit pas. En coulisse, Charles Aznavour est prêt à abandonner son métier. Retournant saluer une dernière fois, il voit la salle debout sous un tonnerre d'applaudissements.

Ambassadeur de l'Arménie, il est également représentant permanent de ce pays auprès de l'ONU.

Suite au tremblement de terre qui frappe l'Arménie en 1988, il crée sa fondation « Aznavour pour l'Arménie ».

En plus de 80 ans de carrière, il a joué dans plus de 60 films, composé plus de 800 chansons, en a enregistré plus de 1200, chanté dans 6 langues différentes et vendu plus 180 millions de disques dans le monde.

Babauta, Leo

Auteur et blogueur américain.

Bloggeur à succès de *Zen Habits* qui a été sélectionné parmi les 25 meilleurs blogs par le *Time Magazine*.

Il commence comme journaliste free-lance et se fait connaître grâce à *Zenhabits.net*, blog de développement personnel très influent sur Internet. Il y raconte la manière dont il a changé son mode de vie : il ne fume plus, a changé ses habitudes alimentaires et a perdu du poids, se lève tôt le matin, a réglé toutes ses dettes, a changé de travail pour passer plus de temps avec ses enfants... En apprenant de chaque expérience, il a été en mesure d'atteindre chaque nouveau défi qu'il se lançait.

Il a élaboré sa méthode à partir de sa propre expérience.

Il est l'auteur du livre *L'Art d'aller à l'essentiel* et de plusieurs e-books sur la façon de se concentrer sur ce qui est important, de désencombrer son environnement, de s'organiser pour être plus productif et de se concentrer sur les tâches essentielles afin d'atteindre ses objectifs.

Il a lancé un second site, *mnmlist*, dédié au minimalisme.

Marathonien et végétarien.

Blake, William

Poète et peintre britannique.

Fils d'un bonnetier, dès l'enfance, il s'illustre par le dessin et la poésie.

À 14 ans, il est apprenti chez un graveur et, à 21 ans, il se met à son propre compte.

La mort de son frère Robert constitue l'une des plus dures épreuves de sa vie.

Anticlérical, antimonarchiste, pacifiste, il est révolté par l'injustice sociale et la misère.

Il apparaît comme le premier grand peintre visionnaire.

Prétendant avoir eu plusieurs visions d'anges ou de Dieu, il fut considéré par ses contemporains comme fou.

Bono (Paul David Hewson)

Chanteur irlandais et leader du groupe U2.

À 14 ans, il perd sa mère et répond à une annonce pour intégrer un groupe de rock encore inconnu. Il s'intéresse à tout et est très doué en peinture, en histoire et aux échecs.

En 2004 et 2006, il figure sur la liste des hommes les plus influents du monde dressée par le magazine américain *Time*.

Il se sert de sa célébrité pour soutenir diverses causes humanitaires. Il est la personnalité de l'année 2005 selon le magazine américain *Time* pour son combat en faveur de l'Afrique, aux côtés de Bill Gates et de sa femme Melinda Gates.

Il est en lice pour le prix Nobel de la paix en 2003, 2005 et 2006.

Il reçoit le titre « Homme de la paix » pour l'année 2008.

Branson, Richard

Entrepreneur britannique.

Fondateur et président de Virgin.

Enfant dyslexique, il est un élève médiocre et quitte l'école à 16 ans.

Très tôt, il a le goût d'entreprendre : à 9 ans, il vend et élève des perruches ; à 15 ans, il vend des sapins de Noël.

À 16 ans, avec un ami, il lance *Students*, un magazine qui deviendra le symbole de toute une génération opposée à la guerre du Vietnam et luttant pour le droit à l'avortement.

Quand il quitte l'école, le directeur de sa pension lui dit : « Branson, vous finirez milliardaire ou en prison. » À 23, il est déjà millionnaire...

À 20 ans, il vend des disques par correspondance, puis produit 3 ans plus tard *Tubular Bells*, de Mike Oldfield, qui figurera sur la bande originale du film *L'Exorciste*. Il fait fortune et cet énorme succès lui permet d'obtenir des contrats chez Virgin Records avec les artistes les plus en vue du moment tels que Phil Collins, les Sex Pistols et Culture Club.

À 43 ans, il revend Virgin Records pour 1 milliard de dollars, mais garde la marque Virgin et fonde notamment une compagnie aérienne, des mégastores, une radio, des services financiers et des lignes de chemin de fer.

Virgin englobe plus de 400 entreprises dans une trentaine de pays.

À 49 ans, il est anobli par la reine Élisabeth II.

À 54 ans, il crée la première agence de voyages dans l'espace.

Icône du management intuitif, aventurier et philanthrope, il est toujours en quête de nouvelles idées et solutions pour créer un monde meilleur.

261e personne la plus riche du monde selon le magazine *Forbes* 2009.

Premier à avoir traversé l'Atlantique et le Pacifique en montgolfière.

Il a battu le record de traversée de l'Atlantique en hors-bord et celui de la Manche en voiture amphibie.

Engagé dans la défense de l'environnement et la paix dans le monde.

Byrne, Rhonda

Productrice de radio et de télévision et auteure australienne.

Après le film *Le Secret*, elle sort en 2007 son livre éponyme qui reste dans la liste des best-sellers du *New York Times* pendant plus de 200 semaines, a été traduit en 50 langues et publié à plus de 25 millions d'exemplaires.

En 2007, elle figure parmi les 100 personnes les plus influentes du monde dans le magazine *Time*, puis dans la liste des 100 célébrités du magazine *Forbes*.

Elle est l'auteure de trois autres best-sellers : *Le Pouvoir*, *La Magie* et *Héros.*

Chaplin, Charlie

Acteur, réalisateur, scénariste et producteur britannique.

Cofondateur de l'United Artists.

Ses parents se séparent lorsqu'il a trois ans. Il vit une enfance pauvre à Londres, une période qui lui inspirera le scénario de son film *Le Kid.*

À 10 ans, il intègre une troupe d'enfants danseurs de claquettes, puis, à 19 ans, il est engagé dans la troupe de Fred Karno, le principal impresario de music-hall britannique.

Il étudie la pantomime.

Il quitte l'Angleterre pour tenter sa chance aux États-Unis. En l'espace d'une année, il connaît la gloire, passant d'une compagnie à une autre. Harcelé par le FBI, victime du maccarthysme, il s'installe en Suisse.

Star du cinéma muet, il fait entrer dans la légende du septième art le personnage de Charlot le vagabond.

Ses films comme *La Ruée vers l'or* et *Le Dictateur* marquent l'histoire du cinéma.

Plus de 65 ans de carrière.

Réalisateur de plus de 70 films, auxquels il donne une dimension sociale et politique.

Chimoni, Annaëlle

Polyhandicapée et autiste, elle écrit son livre à l'âge de huit ans.

Elle utilise la méthode de la « communication facilitée », lui permettant de parler avec les autres par clavier informatique interposé.

Bien plus qu'une autobiographie, *Le Livre d'Annaëlle*, préfacé par le grand rabbin de France Joseph Sitruk, est un témoignage d'amour et de vérité universelle.

Avant de mourir à l'âge de 10 ans, elle demanda à ses parents que son deuxième ouvrage, *Le Livre inachevé*, soit publié pour ses 19 ans.

Chopra, Deepak

Médecin, conférencier et écrivain.

Auteur de best-sellers traduits en 43 langues et vendus à plus de 30 millions d'exemplaires.

Classé en 1999 parmi les 100 personnalités les plus marquantes du siècle par le magazine *Time* ; « référence incontournable » pour *Psychologies Magazine* ; « guérisseur d'âmes et homme de paix intérieure » pour *Madame Figaro*.

Ami proche de Barack Obama, d'Hillary Clinton et d'Oprah Winfrey avec qui il enregistre fréquemment des programmes de méditation quotidienne.

Il a conseillé de nombreuses personnalités de cinéma et de la musique comme Madonna, Demi Moore ou Michael Jackson.

Activiste, anti-conservateur, engagé politiquement sur tous les fronts.

Pionnier des médecines non conventionnelles, fréquemment appelé le « gourou de la santé » aux États-Unis.

Il a rendu populaires en Occident la sagesse, la médecine douce et les techniques de bien-être venues d'Inde.

Prix Einstein humanitaire de l'Albert Einstein College of Medicine, il intervient à l'ONU et donne des conférences dans les écoles les plus réputées aux États-Unis.

Fondateur du Chopra Center, un centre de soins basé sur l'Ayurveda.

Choquette, Sonia

Médium consultée par une clientèle internationale, guérisseur, enseignante spirituelle et auteure américaine.

Diplômée de l'Université de Denver, aux États-Unis, et de la Sorbonne, à Paris.

Docteure en physique de l'American Institute of Holistic Theology.

Experte dans l'éveil intuitif et le développement personnel.

Dès l'âge de 12 ans, elle commence à faire des lectures médiumniques privées dans la salle à manger familiale.

Elle enseigne le développement de l'intuition et son importance dans notre épanouissement personnel. Pour elle, ce sixième sens devrait être notre premier sens. Elle aide les gens à prendre conscience qu'ils sont des êtres spirituels dotés de six sens.

Ses livres sont des best-sellers. Son œuvre, publiée dans plus de 40 pays, est traduite dans 37 langues.

A participé à des émissions de télévision sur ABC, NBC et CNN.

Engagée dans diverses causes humanitaires, notamment en Afrique du Sud et aux États-Unis.

En 2012, elle reçoit le « prix du leader de l'année » par The Global Holistic Psychology Association.

Dans ses moments libres, elle aime danser et jouer du piano. Elle aime aussi la mode, l'art et le design et pratique le yoga et le Pilates pour rester en forme. Sonia aime tout ce qui concerne Paris et y passe du temps chaque année.

Churchill, Winston

Homme d'État britannique.

Élève médiocre à la santé fragile.

Son destin est lié étroitement à celui de l'Angleterre.

Il est l'un des grands hommes politiques du XXe s. de par ses actions en tant que premier ministre du Royaume-Uni et son rôle pendant la Seconde Guerre mondiale.

Sa volonté fut déterminante dans la victoire alliée contre l'Allemagne d'Hitler.

Diplomate de talent.

Correspondant au *Daily Telegraph*, il se bat contre les tribus rebelles aux Indes.

Correspondant pendant la guerre des Boers en Afrique du Sud, il est fait prisonnier, mais parvient à s'évader et voit sa tête mise à prix.

Attiré par la politique, il est successivement député conservateur à Oldham, député libéral, sous-secrétaire d'État aux Colonies, ministre de l'Intérieur du gouvernement libéral, premier lord de l'Amirauté (ministre de la Marine) à 37 ans, ministre des Munitions, secrétaire d'État à la Guerre et aux Colonies.

Il perçoit rapidement les dangers du nazisme, mais personne ne l'écoute.

Après s'être éloigné du pouvoir, il est rappelé au gouvernement de Chamberlain et occupe à nouveau le poste de premier lord de l'Amirauté.

Pendant la Seconde Guerre mondiale, il devient premier ministre, premier lord du Trésor et ministre de la Défense.

Il fait triompher l'idée de poursuivre le combat contre Hitler plutôt que de traiter avec lui.

Il autorise le général de Gaulle à s'exprimer à la radio à Londres pour lancer son célèbre appel.

Face à la volonté d'Hitler de faire tomber l'Angleterre, il va agir à la fois sur les plans stratégique et psychologique en étant présent sur le terrain.

Après la Seconde Guerre mondiale, il poursuit sa carrière politique et revient sur le devant de la scène comme premier ministre et premier lord du Trésor.

Prix Nobel de littérature.

Décoré de la croix de la Libération par le général de Gaulle.

Dalaï-Lama

Leader spirituel du peuple tibétain et enseignant de la philosophie bouddhiste.

Reconnu à l'âge de cinq ans comme étant la quatorzième réincarnation du bodhisattva de la compassion, également nommé dalaï-lama.

Il quitte sa famille afin de commencer sa formation et de se préparer à ses futures fonctions de chef de l'État tibétain et chef spirituel du monde bouddhiste tibétain.

Un mois après l'invasion du Tibet par la Chine, encore adolescent, il est intronisé. Il s'exile en Inde et crée le gouvernement tibétain en exil.

Figure de la non-violence, il reçoit le prix Nobel de la paix.

Reconnu pour son action diplomatique en faveur du Tibet dans le monde entier.

Classé par le *Times* comme l'une des 10 personnalités les plus influentes au monde.

Il donne des cours de bouddhisme et des conférences sur la paix à travers le monde.

Darre, Patricia

Animatrice radio, journaliste et médium française.

Elle suit des études supérieures de publicité, littérature et cinéma à l'Université de Bologne.

À l'âge de 35 ans, à la naissance de son fils, sa vie bascule lorsqu'elle entend, une nuit, dans son sommeil, une voix qui lui intime l'ordre de se lever et d'écrire. De nature cartésienne, elle découvre alors sa médiumnité.

Parmi ses visiteurs, elle dit avoir été contactée par Oscar Wilde, Napoléon et Jeanne d'Arc.

En tant que médium, elle œuvre gratuitement.

Ses livres se vendent à plus de 50 000 exemplaires. Ses droits d'auteur sont reversés à des associations caritatives.

Destefanis, Marielle Jimenez

Psychologue et préparatrice mentale française pour sportifs de haut niveau et chefs d'entreprise.

Après un très grave accident de voiture, dans lequel elle a frôlé la mort, elle prend conscience de l'importance de privilégier le côté humain sur tous les autres aspects de la vie.

Elle utilise la sophrologie, la psychanalyse, la PNL et des techniques de préparation mentales américaines.

Elle pratique la psychologie positive.

De Vigan, Delphine

Romancière et réalisatrice française.

En avance à l'école, elle est d'une timidité qu'elle qualifie de pathologique.

À 12 ans, elle se met à l'écriture avec son journal intime qu'elle tiendra jusqu'à la naissance de sa fille.

Pendant sa troisième, suite à l'hospitalisation de sa mère en psychiatrie, elle se retrouve chez son père avec sa sœur. Le lycée devient alors sa bouffée d'oxygène et elle réalise que le travail est le moyen pour elle de prendre son envol.

Obtient son baccalauréat avec un an d'avance et entre en hypokhâgne au lycée Fénelon, à Paris.

Anorexique pendant sa seconde année de prépa littéraire, elle est hospitalisée pendant six mois après avoir passé le concours de l'École normale supérieure. Sortie de l'hôpital, grâce au soutien d'un oncle et d'une tante, elle fait un DUT information-communication qui lui permet de travailler dans une société d'études. Cette expérience positive marque un nouveau départ dans sa vie. Quelques années plus tard, elle reprend ses études en formation continue et obtient une licence, puis une maîtrise de gestion des ressources humaines et communication interne au Celsa.

Cadre dans un institut de sondage, elle publie en 2001 son premier roman *Jours sans faim* sous le pseudonyme Lou Delvig.

Prix des libraires, Prix du Rotary pour son livre *No et moi*, écoulé à plus de 400 000 exemplaires et adapté au cinéma par Zabou Breitman

Prix du roman Fnac, prix des lectrices de *Elle*, prix France Télévisions, prix Renaudot des lycéens pour son best-seller *Rien ne s'oppose à la nuit*, vendu à plus d'un million d'exemplaires.

Prix Renaudot et prix Goncourt des lycéens pour son livre *D'après une histoire vraie*, adapté au cinéma par Roman Polanski avec Emmanuelle Seigner.

En 2014, sortie de son premier film, *À coup sûr*.

Diaz, Cameron

Actrice américaine.

Ses parents lui donnent un prénom masculin, car son père espère un petit garçon plutôt qu'une deuxième fille.

Enfant, elle devient un garçon manqué et pratique de nombreux sports dont le surf.

Elle se casse le nez quatre fois en surfant et souffre d'asthme. On la surnomme Skeletor en raison de sa taille et de sa maigreur, mais aussi parce qu'elle sourit sans cesse à pleines dents. Repérée par l'agence de mannequins Elite, elle pose pour les plus grandes marques.

Révélée au cinéma dans le film *The Mask*, *Mary à tout prix* la hisse au statut de star internationale.

Passionnée par la nature, c'est l'une des actrices d'Hollywood les plus engagées pour la protection de la planète. Elle a d'ailleurs signé des documentaires sur le sujet.

Ses proches louent sa bienveillance et son humour.

Elle écrit avec la collaboration de Sandra Bark *Le Body Book*, pour connaître son corps et s'affirmer, suivi de près par *The Longevity Book*, pour apprendre à bien vieillir, qui prône le bien-être au naturel.

Dyer, Wayne W.

Docteur en psychologie, psychothérapeute, écrivain et conférencier américain, surnommé affectueusement le « père de la motivation » par ses fans.

Diplômé d'un doctorat en pédagogie.

Auteur de nombreux best-sellers sur le développement personnel, il a acquis une renommée internationale avec son livre *Vos zones erronées*, vendu à plus de 35 millions d'exemplaires.

Il a enseigné des principes psychologiques et spirituels fondamentaux et a participé à des centaines d'émissions de télévision et de radio.

Malgré une enfance passée dans des orphelinats et foyers d'accueil, il a toujours surmonté les obstacles dressés sur son chemin pour faire de ses rêves une réalité et a passé une grande partie de sa vie à montrer aux autres comment s'en sortir.

Son message principal est que chaque personne a le potentiel de vivre une vie extraordinaire.

Einstein, Albert

Physicien américain d'origine allemande.

À l'âge de cinq ans, il se passionne pour la science au contact d'une boussole.

Du fait de sa dyslexie, il éprouve des difficultés pour s'exprimer dans son enfance.

Il est décrit comme un mauvais élève par ses enseignants et est renvoyé de son collège à l'âge de 15 ans.

Dans les années 1920, il subit des attaques des mouvements nationalistes visant ses origines et ses opinions pacifistes.

Il a longtemps postulé à de nombreux emplois sans être accepté.

L'un de ses fils était probablement atteint de schizophrénie.

Il est pourtant devenu l'auteur de la théorie de la relativité restreinte et générale et de la célèbre formule $E = mc^2$.

Prix Nobel de physique en 1921.

Nommé président de la Ligue des droits de l'homme en 1928.

Elrod, Hal

Coach en développement américain.

À l'âge de 20 ans, il est victime d'un terrible accident de la circulation. Déclaré mort pendant six minutes, il reste dans le coma durant six jours. Les médecins lui annoncent qu'il pourrait être paraplégique, mais trois semaines après l'accident, il remarche !

Ruiné, à cause de la crise économique, endetté de plus de 400 000 dollars, il commence à courir tous les matins en écoutant des podcasts de développement personnel. Une citation de Jim Rohan, coach en développement personnel, provoque en lui un véritable déclic : il développe sa routine matinale, une méthode qu'il partage dans son livre *The Miracle Morning*, devenu un best-seller.

Emmanuelle, (Sœur)

Religieuse franco-belge.

Elle passe sa jeunesse dans un milieu aisé, entre Londres, Paris et Bruxelles.

À 23 ans, elle renonce au confort que lui offre son statut d'héritière d'une usine de dentelles et décide d'entrer dans les ordres.

Diplômée de sciences philosophiques et religieuses, elle décide d'enseigner les lettres dans les missions des pays de la Méditerranée.

Alors que l'âge de la retraite sonne, elle passe 22 ans dans les bidonvilles du Caire pour aider les habitants.

Elle est la fondatrice d'ASMAE, une ONG de solidarité internationale, spécialisée dans le développement de l'enfant et présente dans huit pays.

Surnommée « petite sœur des pauvres » ou la « petite sœur des chiffonniers », elle a dédié sa vie aux pauvres.

Elle a été l'une des personnalités les plus aimées par les Français.

Foenkinos, David

Écrivain et réalisateur français.

Une opération à cœur ouvert à l'âge de 16 ans modifie complètement son existence : il se met alors à l'écriture.

À 26 ans, il publie son premier roman et, à 36, il vend à plus de 1 million d'exemplaires son roman *La Délicatesse*, qui se retrouve sur toutes les listes des grands prix littéraires.

Il en coréalise avec son frère Stéphane l'adaptation cinématographique, qui enregistre 1,3 million d'entrées et est nommée aux Césars dans les catégories « César de la meilleure adaptation » et « César du meilleur premier film ».

Prix : prix Roger-Nimier 2004 pour *Le Potentiel érotique de ma femme* ; prix Jean-Giono 2007 pour *Qui se souvient de David Foenkinos* ; prix Goncourt des lycéens et prix Renaudot en 2014 pour *Charlotte*.

Frank, Anne

Adolescente allemande juive, victime de la Shoah.

Sa famille s'exile vers les Pays-Bas afin d'échapper à l'antisémitisme croissant.

Malgré la guerre, elle vit une enfance heureuse jusqu'en 1942. À partir de ses 13 ans, elle tient son journal intime, devenu célèbre dans le monde entier, alors qu'elle se cache dans un appartement secret à Amsterdam avec sa famille pendant l'occupation allemande de la Seconde Guerre mondiale, soit 25 mois passés dans la clandestinité.

Dénoncée, la famille est arrêtée et déportée vers les camps d'extermination. L'adolescente décède du typhus sept mois après son arrestation.

Seul survivant du groupe, son père apprend que le journal de sa fille a été sauvegardé. Il décide de le faire éditer. Il est traduit dans plus de 60 langues.

Adapté au cinéma, à la télévision et au théâtre, son *Journal* est devenu l'un des livres les plus lus dans le monde.

Franklin, Benjamin

Physicien, philosophe et homme d'État américain.

Dernier-né d'une famille de 17 enfants, il se lance très tôt dans le journalisme.

Il devient l'un des pères fondateurs des États-Unis en participant à la rédaction, avec Jefferson et Adams, de la Déclaration d'indépendance.

Nommé ambassadeur en France, il signe le traité de paix avec l'Angleterre.

Fervent défenseur de l'abolition de l'esclavage.

Inventeur du paratonnerre.

Gandhi

Dirigeant politique et guide spirituel de l'Inde.

Gandhi est considéré comme le père de la nation indienne ; on l'appelle Mahatma : la « grande âme ».

Son anniversaire est une fête nationale.

Il a inspiré de grandes personnalités, dont Nelson Mandela, le dalaï-lama et Martin Luther King.

Son arme principale : la non-violence, un principe qu'il instaure avec la désobéissance civile.

Devenu avocat après avoir étudié à Londres, il exerce à Bombay, puis en Afrique du Sud, où il découvre les discriminations raciales : peu de temps après son arrivée, lors d'un voyage en train, détenant un billet de première classe, il refuse de rejoindre la troisième classe. Expulsé du train, il prend alors la décision la plus importante de sa vie : il n'acceptera plus jamais l'injustice.

Après avoir passé 22 ans en Afrique du Sud, où il fonde son premier ashram, de retour en Inde, il devient le pionner du mouvement pour l'indépendance du pays.

Pour protester contre la taxe injustement imposée aux Indiens, il effectue sa célèbre marche du sel de 400 kilomètres. Des milliers de personnes le rejoignent.

Il a passé 2338 jours en prison.

Il jeûnera pour défendre les droits des Intouchables.

Il est assassiné par un hindou extrémiste.

Gandhi, Arun

Écrivain, journaliste, activiste, enseignant et conférencier indo-américain

Petit-fils du Mahatma Gandhi, père de la nation indienne.

Fondateur du Gandhi Worldwide Education Institute luttant contre l'exploitation physique et psychologique des enfants des pays défavorisés.

Né en Afrique du Sud, enfant, il est victime de nombreux actes de racisme. Lui qui est assoiffé de vengeance, ses parents le confient alors à son illustre grand-père qui lui enseigne la non-violence et comment traiter la colère de façon positive.

Chaque jour, son grand-père tient à passer une heure avec lui pour parler.

Aujourd'hui, Arun délivre le message de paix et de non-violence de Gandhi au fil de conférences internationales.

Garagnon, François

Écrivain et éditeur français.

Dès l'âge de 11 ans, enfant introverti, il se passionne pour la littérature et l'écriture.

Sorti de l'Institut d'études politiques de Grenoble, il crée son cabinet de consultant, devenant conseil en communication ; la société Alain Delon Diffusion est l'un de ses premiers clients.

Il rêve de devenir auteur, mais, un à un, tous les éditeurs refusent ses manuscrits. Il crée alors sa propre maison d'édition, Les Éditions Monte Cristo, et publie ses œuvres, devenues des best-sellers dans le monde entier.

C'est Pascal Descoings, un libraire qui croit en lui, qui accepte le premier de vendre son livre *Jade et les sacrés mystères de la vie.*

Soutenu par les petites librairies indépendantes, il obtient son premier grand succès.

L'un de ses grands principes reste de vivre le moment présent et de s'émerveiller des petits bonheurs du quotidien.

Laetitia Hallyday s'est inspirée de ses livres *Jade* et *Joy* pour les prénoms de ses filles.

Gilbert, Elizabeth

Romancière, journaliste et biographe américaine.

Issue d'une famille d'exploitants agricoles, son goût pour l'écriture se développe très tôt et, pendant ses études de sciences politiques à l'Université de New York, elle écrit la nuit.

Ses premiers écrits sont remarqués par les critiques : finaliste du Hemingway Award avec *Pilgrims* en 1997 et du National Book Award avec *Stern Men* en 2000.

Après son cursus universitaire, elle voyage à travers le pays pendant plusieurs années, travaillant dans des cafés et des restaurants.

Malheureuse dans son couple et dans sa vie, elle divorce, vend ses affaires et entreprend de faire le tour du monde.

Auteure du best-seller autobiographique *Mange, prie, aime*, adapté au cinéma avec Julia Roberts, et vendu à plus de 10 millions d'exemplaires à travers le monde.

En 2008, le magazine *Time* la désigne comme l'une des 100 personnes les plus influentes de la planète.

Gill, Mel

Psychologue, conférencier américain de renommée internationale.

Spécialisé dans le domaine du développement personnel tant sur le plan individuel que professionnel.

Participe à des émissions de radio et de télévision depuis plusieurs années.

Avec le docteur Richard Bandler, Robert Dilts, Will MacDonald, Marilyn Atkinson et Anne Linden, il est l'un des pionniers de la PNL.

Fondateur du Master Trainer Institute de New York et président de l'American Association of Master Trainers.

Depuis plus de 30 ans, il donne des séminaires dans plus de 50 pays à travers le monde.

Son livre *Le Métasecret* s'est vendu à plus de 1 million d'exemplaires et a été traduit dans 35 langues.

Giordano, Raphaëlle

Coach en créativité et développement personnel, écrivain et artiste-peintre français.

Auteure de plusieurs ouvrages de coaching et développement personnel.

Diplômée de l'École supérieure Estienne en arts appliqués, ex-créative publicitaire en agences de communication pendant huit ans, elle monte sa propre structure dans l'événementiel et le coaching créatif.

Formée aux outils de communication, management et développement personnel : affirmation de soi, analyse transactionnelle, PNL, intelligence émotionnelle...

Avec son premier roman, *Ta deuxième vie commence quand tu comprends que tu n'en as qu'une*, elle aborde un thème qui lui est cher : l'art de transformer sa vie pour trouver le chemin du bien-être et du bonheur.

Gounelle, Laurent

Écrivain français, spécialiste des sciences humaines.

Diplômé en sciences économiques, il se retrouve propulsé à 23 ans dans le monde de l'entreprise, mais prend conscience brutalement que ce n'est pas la vie qu'il souhaite.

Passionné de philosophie et de psychologie, il sillonne le monde à travers des voyages initiatiques.

Diplômé en sciences humaines, formé en France et aux États-Unis.

Il exerce pendant 15 ans le métier de consultant en relations humaines.

Au cours d'une année chargée en événements tragiques et joyeux sur le plan personnel, il se lance dans l'écriture de son premier roman, dans lequel il partage ses idées sur le sens de la vie et la recherche du bonheur.

Son premier roman, *L'Homme qui voulait être heureux*, devient un best-seller international, traduit en 25 langues.

À leur sortie, ses autres romans figurent également dans les listes des best-sellers.

Hanh, Tich Nhat

Moine bouddhiste vietnamien.

Écrivain, poète, défenseur de la paix, il figure parmi les personnalités les plus engagées du bouddhisme dans le monde occidental après le dalaï-lama.

Fondateur de l'Institut des hautes études du bouddhisme An Quang, berceau de la lutte non violente des bouddhistes contre la guerre du Vietnam.

Il a enseigné les études comparatives des religions à l'Université de Columbia, aux États-Unis, et enseigné à la Sorbonne, à Paris.

De retour au Vietnam, il fonde l'université bouddhique Van Hanh et l'École de la jeunesse au service social : cette dernière réunit près de 10 000 travailleurs sociaux, de véritables artisans de paix en plein cœur de la guerre.

Contraint à l'exil après avoir lancé un appel contre la guerre du Vietnam, il effectue un pèlerinage pour la paix à travers le monde, travaillant avec des personnalités comme le pape Paul VI et Martin Luther King qui le propose au prix Nobel de la paix en 1967.

Il vient en aide aux boat people du Vietnam, Cambodge et Laos.

Le Prix Nobel de la paix Mikhaïl Gorbatchev l'invite à offrir sa vision aux anciens chefs d'État et personnalités politiques lors de la rencontre States of the World Forum à San Francisco.

Il participe à l'élaboration du *Manifeste 2000*, texte initié par l'UNESCO et plusieurs Prix Nobel de la paix, qui, en six principes, prône une pratique de la paix et du bonheur au quotidien.

Il enseigne une véritable pratique de la non-violence, basée sur la transformation de nos souffrances et violences intérieures.

Hicks, Esther Et Jerry

Conférenciers et auteurs américains.

Mari et femme, auteurs de nombreux best-sellers.

Issu d'un milieu pauvre, Jerry Hicks a souffert de problèmes de santé durant son enfance. Adulte, il exerce divers métiers comme boxeur, chanteur, comédien, acrobate, mais toujours animé par cette soif d'aller de l'avant.

Lorsqu'il rencontre Esther, il monte une affaire florissante avec 100 000 employés.

Esther est issue d'une petite ville des Rocky Mountains.

Ensemble, ils sont entrés en communication avec Abraham, un groupe de guides spirituels non physiques. Abraham leur a enseigné le fonctionnement de la loi de l'attraction, améliorant ainsi leur bien-être. À leur tour, à travers des conférences et des ateliers, ils font partager ce qu'ils ont appris sur la loi de l'attraction.

Leur travail sur la loi de l'attraction a été reconnu dans le monde entier.

Ils ont inspiré Rhonda Byrne, l'auteure et réalisatrice australienne du célèbre film *Le Secret*.

Hill, Napoleon

Considéré comme l'auteur de motivation américain le plus lu.

Il est l'un des pères de la littérature sur le développement personnel et la réussite.

Il a consacré sa vie à étudier comment certaines personnes atteignent la réussite.

À 13 ans, il débute comme journaliste dans de petits journaux.

Sa vie prend un tournant lorsqu'il interviewe en 1908 le milliardaire Andrew Carnegie, alors l'homme le plus riche du monde et l'un des hommes les plus puissants de la planète. Carnegie était convaincu que le processus du succès dans la vie reposait sur une simple formule que n'importe qui pouvait appliquer. Il demande alors à Napoleon Hill s'il accepte d'interviewer 500 hommes et femmes ayant obtenu un succès extraordinaire afin de découvrir et de publier cette formule du succès.

Durant plus de 20 ans, Napoleon Hill interviewe donc et étudie les vies des 500 personnes les plus fortunées de son époque, telles que John D. Rockefeller, Henry Ford, Alexander Graham Bell et Thomas Edison.

Son livre *Réfléchissez et devenez riche* s'est vendu à 60 millions d'exemplaires dans le monde.

Il a été le conseiller spécial du président Roosevelt de 1933 à 1936.

Ibrahimović, Zlatan

« Ibra », footballeur suédois. Son prénom signifie en serbo-croate « doré ».

Il n'a que deux ans quand ses parents divorcent et il passe une enfance douloureuse dans des quartiers difficiles en Suède.

Il est considéré comme l'un des attaquants les plus complets au monde.

Il a remporté le titre de champion dans quatre championnats différents (Pays-Bas, Italie, Espagne et France).

113 buts inscrits en 122 matchs de Ligue 1.

En quatre ans, il a remporté trois fois le titre de meilleur joueur de Ligue 1.

Avec le Paris Saint-Germain, il a remporté quatre championnats de France ; trois Coupes de la Ligue, trois trophées des champions et deux Coupes de France.

Son autobiographie *Moi, Zlatan Ibrahimović* s'est écoulée à plus de 700 000 exemplaires.

Jackson, Jermaine

Chanteur, bassiste, compositeur et producteur américain.

Frère de Michael Jackson.

Cochanteur et bassiste des Jackson Five, puis des Jacksons. Les cinq frères font leurs débuts sur une petite scène d'un magasin de vêtements.

Au cours de sa carrière solo, nombreuses de ses chansons sont des succès mondiaux.

Tout au long de sa carrière, il réalise plusieurs collaborations artistiques et des duos notamment avec Stevie Wonder, Herbie Hancock, Whitney Houston. Son duo avec Pia

Zadora sur *When the Rain Begins to Fall* reste l'un de ses plus grands tubes.

Il a été impliqué dans divers projets caritatifs, notamment en faveur des orphelins dans le monde entier et a fondé EarthCare International, organisation mondiale luttant contre le sida.

Jackson, Michael

Auteur, compositeur et chanteur américain.

Il entreprend sa carrière à l'âge de six ans dans le groupe The Jackson Five avec ses grands frères.

Après s'être lancé dans une carrière en solo, il devient une star planétaire et est surnommé le Roi de la pop.

Il révolutionne l'industrie musicale avec ses disques, ses clips et ses concerts.

Son pas de danse le moonwalk reste légendaire.

Sur l'ensemble de sa carrière, il a vendu près d'un milliard d'exemplaires de singles et albums confondus.

Sept de ses albums font partie des albums les plus vendus dans le monde.

Son album *Thriller* est l'album le plus vendu dans le monde.

Selon le *Livre Guinness des records*, il est l'artiste de variété le plus couronné de succès de tous les temps.

Il a versé plus de 400 millions de dollars à des œuvres caritatives.

Jobs, Steve

Inventeur et entrepreneur américain, considéré comme un créateur de génie, un visionnaire et l'un des pionniers de la micro-informatique, l'un des plus grands inventeurs américains.

Cofondateur et ex-président d'Apple.

Ex-dirigeant des Studios Pixar et ex-membre du conseil d'administration de Disney.

Né à San Francisco d'un père syrien et d'une mère américaine, il est adopté par Paula et Clara Jobs.

Âgé de 21 ans, c'est dans le garage familial qu'il crée Apple avec son acolyte Steve Wozniak. Quatre ans plus tard, ils sont millionnaires et, à tout juste 27 ans, Steve Jobs devient le plus jeune homme à entrer dans le Fortune 400, classement des personnes ayant la plus grande fortune mondiale.

Après avoir été évincé de sa propre entreprise, il en reprend les rênes 12 ans plus tard et innove avec l'iMac, une révolution majeure sur le marché des ordinateurs.

Il lance notamment l'iPhone, qui bouleverse le marché de la téléphonie mobile et conquiert immédiatement le public. La tablette numérique iPad, sa dernière trouvaille, remporte également un succès commercial fulgurant : 3 millions d'exemplaires sont vendus pendant les 80 premiers jours de commercialisation, et 15 millions d'exemplaires en moins de 12 mois.

À 30 ans, il est l'un des premiers à recevoir par le président américain Ronald Reagan la National Medal of Technology.

En 2007, le magazine *Fortune* le définit comme « homme d'affaires le plus puissant ».

Jollien, Alexandre

Écrivain et philosophe suisse.

Il naît avec une infirmité motrice cérébrale due à un étranglement par cordon ombilical.

Alexandre séjourne pendant 17 ans dans une institution spécialisée pour personnes handicapées.

Franchissant les obstacles, il parvient à suivre une scolarité normale et s'inscrit dans une école de commerce avant de découvrir par hasard la philosophie en entrant dans une librairie.

Auteur de best-sellers, il est marié et père de trois enfants.

Kennedy, John Fitzgerald

Homme politique américain.

Trente-cinquième président des États-Unis, le plus jeune élu à ce poste.

Depuis son enfance, il souffre atrocement du dos.

Âgé de 30 ans, on lui diagnostique la maladie d'Addison, souvent fatale à l'époque. Il est également victime d'ostéoporose. Il se fait opérer à plusieurs reprises du dos, recevant même l'extrême-onction.

Scolarisé dans les meilleurs établissements. Ses résultats ne sont pas brillants, mais il sort malgré tout diplômé d'Harvard.

Combattant dans la US Navy durant la Seconde Guerre mondiale, lorsque son bateau patrouilleur se fait éperonner et couler par un destroyer japonais, malgré de graves blessures, il sauve plusieurs de ses camarades.

Attiré par la politique, il devient représentant démocrate de l'État du Massachusetts, puis sénateur du Massachusetts.

Prix Pulitzer en 1955 pour son livre *Profiles in Courage*.

Il lutte pour l'égalité des droits civiques entre les Blancs et les Noirs.

Il se lance dans le défi spatial et annonce qu'un Américain posera le pied sur la Lune. Promesse tenue à titre posthume.

Assassiné à Dallas, il est le plus jeune président à mourir et devient une icône dans son pays comme dans le monde entier.

Malgré la brièveté de son mandat (1000 jours), il reste l'un des présidents les plus populaires.

Kennedy, Robert

Avocat et homme politique américain.

Après la mort de son grand frère Joseph, tué pendant la Seconde Guerre mondiale, il quitte l'université Harvard, où il étudie, pour s'engager dans l'US Navy. Il retournera à Harvard pour en sortir diplômé.

Frère cadet de John Fitzgerald Kennedy, trente-cinquième président des États-Unis, qui le nomme procureur général des États-Unis.

En tant que procureur général des États-Unis (ministre de la Justice), il combat le crime organisé et devient l'un des piliers du mouvement pour les droits civiques.

Il lutte également contre les inégalités sociales et raciales.

Sur sa requête, la Cour suprême ordonne ainsi à l'Université du Mississippi d'admettre le premier étudiant afro-américain, James Meredith.

Au Cap, en Afrique du Sud, il prononce l'un de ses discours les plus importants sur l'égalité des êtres humains. Une partie de son discours figure sur sa pierre tombale au cimetière d'Arlington.

Après l'assassinat de John Fitzgerald Kennedy, il devient sénateur de New York, puis se lance dans la course à la présidence des États-Unis.

Il est assassiné le soir de sa victoire aux primaires démocrates de Californie.

Kiyosaki, Robert T.

Entrepreneur spécialisé dans le développement personnel, éducateur et investisseur américain.

Auteur de 19 livres, dont *Père riche, père pauvre*, best-seller sur l'éducation financière, vendu à plus de 26 millions d'exemplaires.

Certains de ses livres ont été dans le top 10 des livres les plus vendus dans le *Wall Street Journal*, le *USA Today* et le *New York Times.*

Né à Hawaii, il part de rien.

Il fait le Vietnam, puis retourne dans le civil, travaillant notamment pour l'entreprise Xerox.

Il lance plusieurs entreprises qui font faillite et se retrouve à la rue.

Après avoir quitté Hawaii pour tenter sa chance ailleurs, lui et sa femme dorment pendant près d'un an dans leur voiture.

Connu pour son franc-parler, son insolence et son audace, il a modifié la perception de l'argent de dizaines de millions de gens dans le monde entier.

Défenseur de l'éducation financière, cofondateur de The Rich Dad Company, entreprise d'éducation financière.

Créateur des jeux *Cashflow*.

Lewicki, Christine

Coach d'entreprise certifiée, conférencière et formatrice en développement personnel française.

Elle vit à Los Angeles, où elle a découvert la psychologie positive.

Entrepreneur nomade, sa clientèle se déploie aux États-Unis, au Canada, en Asie et en France.

Un soir, exténuée par sa journée entre les bouchons, le travail et la maison, elle réalise qu'elle n'a pas cessé de se plaindre. Christine fait alors le pari d'arrêter de râler pendant 21 jours consécutifs. Le défi est relevé et de cette expérience naît un livre, devenu un best-seller avec plus de 250 000 exemplaires vendus.

Lincoln, Abraham

Homme d'État américain.

Issu d'un milieu modeste, enfant, il aide son père dans l'exploitation de la ferme familiale.

Il fréquente alors très irrégulièrement l'école.

Autodidacte en grammaire et en mathématiques, il réussit pourtant l'examen du barreau et devient avocat.

Seizième président des États-Unis, élu en 1860, son élection déclenche la guerre de Sécession entre les États esclavagistes du Sud et le Nord.

En 1863, il proclame l'abolition de l'esclavage.

Une semaine après la fin de la guerre de Sécession, alors qu'il se trouve avec son épouse dans une loge du Ford's Theatre de Washington, il est assassiné le 14 avril 1865 par John Wilkes Booth, acteur et sympathisant sudiste.

Mandela, Nelson

Avocat et homme d'État sud-africain.

Icône de la lutte contre l'apartheid, il a passé 27 ans en prison.

Symbole du combat pour l'égalité raciale.

Prix Nobel de la paix en 1993.

En 1994, il devient le premier président noir de l'Afrique du Sud.

Né et élevé à la campagne, dans la famille royale des Thembus.

Il passe une enfance à la fois pauvre et heureuse dans un village sans routes, au milieu des pâturages collectifs loués à l'État.

Veilleur de nuit dans une mine d'or, puis cofondateur du premier cabinet d'avocats noirs à Johannesburg.

Il intègre l'African National Congress (ANC) afin de lutter contre la ségrégation raciale menée par la minorité blanche en Afrique du Sud.

Après s'être retiré de la vie politique, il s'engage dans la lutte contre la pauvreté et le sida.

En 2010, l'ONU décrète le 18 juillet, l'anniversaire de Nelson Rolihlahla Mandela, « jour de Mandela », devenu Journée internationale dédiée à la promotion de la paix.

Il reçoit les visites de hautes personnalités comme Michelle Obama, Bill Clinton ou de stars internationales comme Michael Jackson, Charlize Theron…

Marc Aurèle

Empereur romain et philosophe stoïcien.

Il perd son père tôt et se fait remarquer dès son enfance par sa sincérité et son goût pour la philosophie.

Élevé au palais impérial, il apprend aussi bien l'exercice du pouvoir que les leçons du stoïcien Épictète, qui lui enseigne l'amour de la liberté.

Il accordera une très grande importance aux valeurs que sont la prudence, la justice, le courage et la tempérance, et s'interrogera continuellement sur ses propres actions.

Il est considéré comme l'un des meilleurs empereurs que Rome ait connus.

Matisse, Henri

Peintre français.

Fils d'un marchand de grains, il suit des études de droit et devient clerc d'avoué dans un cabinet notarial.

Suite aux complications d'une appendicite, durant une longue convalescence, sa mère lui offre une boîte de peinture : il se met à peindre et trouve sa vocation.

Il étudie dans l'atelier de Gustave Moreau, pour qui il gardera toujours une profonde reconnaissance.

Exposé au Salon d'automne, *La Femme au chapeau* fait scandale. Le peintre sort alors de l'anonymat.

Figure de proue du fauvisme, il est considéré comme l'un des plus grands peintres du XXe s.

Ses voyages dans de nombreux pays sont sa source d'inspiration.

Matthieu

Homme de lettres cultivé.

L'un des 12 apôtres de Jésus.

Il apparaît dans le Nouveau Testament.

Né en Galilée, il a pour nom de naissance Lévi.

Il collecte les impôts des Romains à Capharnaüm.

Lorsque Jésus, de passage devant son bureau de péage, lui demande de le suivre, il quitte tout, devient l'un de ses disciples et prend le nom de Matthieu.

Selon la tradition orale de l'Église, après la crucifixion de Jésus, il se rend en Égypte, puis en Éthiopie, où il parvient à ressusciter le fils du roi, ce qui favorisera la christianisation du pays.

Il meurt assassiné au cours d'une messe, après avoir déclenché la colère du roi Hirtiacus.

Montaigne, Michel De

Écrivain, homme politique et philosophe français.

Maire de Bordeaux, gentilhomme, conseiller des plus grands personnages de son temps.

Enfant, il coule des jours heureux au château de Montaigne, la demeure familiale.

Dès l'âge de sept ans, il parle le latin.

Ami d'Étienne de La Boétie.

Il siège au Parlement de Bordeaux pendant 15 ans.

Héritier du domaine de Montaigne après la mort de son père, il médite et se consacre à la lecture des quelque 1000 ouvrages qui se trouvent dans sa « librairie », nichée dans le domaine familial et qui devient son repaire.

Souffrant d'une gravelle, maladie héréditaire, il part faire des cures thermales à travers l'Europe. Il consacre une grande partie de sa vie à l'écriture de ses *Essais*.

Murphy, Joseph

Pasteur irlandais, spécialiste des pouvoirs de la visualisation, écrivain, conférencier sur les pouvoirs de la foi et du subconscient. Débarquant en Amérique, il devient pharmacien à New York.

Pendant 28 ans, il sera directeur du ministère de l'Église de la science divine à Los Angeles. Près de 1500 personnes viennent l'écouter chaque dimanche, et ses émissions de radio quotidiennes sont très populaires.

A obtenu un doctorat de psychologie.

Doté d'une formation sur les religions orientales, il passe plusieurs années en Inde.

Il est reconnu comme l'un des plus grands spécialistes du pouvoir du subconscient.

Ardent défenseur des possibilités de réalisation par la pensée, il a développé des moyens d'autosuggestion pour y arriver.

Auteur de plusieurs best-sellers traduits dans plusieurs langues, réputé pour ses écrits sur la dynamique de la pensée incluant le mysticisme, l'autosuggestion et le subconscient, il connaît une très grande popularité.

Nietzsche, Friedrich

Philosophe allemand.

Un des penseurs majeurs du XIXe s.

À deux ans, il perd son père et grandit dans un environnement exclusivement féminin.

À 24 ans, il enseigne la philologie à l'Université de Bâle et se passionne pour la philosophie en lisant Schopenhauer.

À 26 ans, il publie son premier essai philosophique, *La Naissance de la tragédie*, qu'il dédie au compositeur Richard Wagner.

Malade, souffrant de migraines et de troubles oculaires, il démissionne de ses fonctions à l'université et mène une vie errante entre la Suisse, l'Italie et la France.

Victime d'une crise de démence, il passe les 10 dernières années de sa vie, dans un état mental quasi végétatif, en compagnie de sa mère et de sa sœur.

Décède après avoir sombré dans la folie.

Pasteur, Louis

Chimiste et biologiste français, un des pères de la microbiologie.

Élève très doué, il étudie à l'École normale supérieure de Paris et obtient son doctorat de physique et de chimie.

Il est nommé professeur de chimie et doyen de la Nouvelle Université des sciences de Lille et élu à l'Académie des sciences.

Il voue sa vie à l'avancée de la science, de la médecine et au combat contre les maladies infectieuses.

Il met au point la méthode de pasteurisation.

Père du vaccin contre la rage : en dépit de la réussite des inoculations sur l'animal, il redoute de l'utiliser sur l'homme. Mais lorsqu'un petit berger alsacien est mordu par un chien enragé, Pasteur prend le risque et l'enfant est sauvé.

Suite à ce succès, il fonde l'Institut Pasteur, dédié aux recherches contre la rage et autres maladies. Très actif, refusant de prendre sa retraite, il dirige l'Institut jusqu'à sa mort.

Picasso, Pablo

Peintre, sculpteur, graveur et céramiste espagnol.

Il peint son premier tableau à huit ans.

Sa sœur meurt de la diphtérie.

Il s'inscrit à 14 ans à l'École des beaux-arts de Barcelone, puis à 15 ans il entre à l'Académie des beaux-arts de San Fernando.

À 18 ans, il est sélectionné pour l'Exposition universelle de 1900.

À 19 ans, à Paris, il expose pour la première fois 64 tableaux dans une galerie appartenant à un célèbre marchand d'art.

L'un de ses meilleurs amis, Casagemas, se suicide.

Pablo Picasso devient le chef de file du mouvement cubiste ; il est l'une des figures incontestées de l'art moderne.

Pistorius, Martin

Web designer et développeur Web sud-africain.

À 12 ans, Martin tombe gravement malade. Les médecins croient son cerveau totalement détruit. Frappé du « syndrome d'enfermement », il va rester prisonnier de son corps pendant 12 interminables années...

Puis, peu à peu, Martin finit par se faire comprendre par son entourage.

Il retrouve l'usage de la partie haute de son corps et utilise un ordinateur pour communiquer.

Travaillant dans l'informatique, il mène une vie normale en Angleterre.

Il rencontre l'amour de sa vie, Joanna, qu'il épouse.

Lui qui ne pouvait plus bouger d'un pouce réussit à écrire son histoire dans un livre.

Ricard, Matthieu

Docteur en génétique cellulaire, moine bouddhiste tibétain, auteur, traducteur et photographe français.

Il est le fils du philosophe et académicien Jean-François Revel.

Après l'obtention de son doctorat en génétique cellulaire, il part s'installer définitivement dans la région de l'Himalaya.

Il effectue une retraite solitaire de cinq ans.

Il étudie le bouddhisme auprès des plus grands maîtres spirituels tibétains.

Il est l'interprète français du dalaï-lama.

Ses livres *Le Moine et le Philosophe*, *Plaidoyer pour le bonheur*, *L'Art de la méditation*, *Plaidoyer pour l'altruisme* sont des best-sellers traduits en plus de 20 langues.

L'intégralité de ses droits d'auteur sont reversés à son association humanitaire Karuna-Shechen en faveur des populations défavorisées d'Inde, du Népal et du Tibet.

Robbins, Anthony

Coach, entrepreneur, consultant et auteur américain dans le domaine du développement personnel.

Connu aussi sous le nom de Tony Robbins, auteur de plusieurs best-sellers, il est une référence dans le monde du développement personnel.

Conseiller de différents leaders du monde, il a coaché de nombreuses personnalités, dont Andre Agassi, Bill Clinton, et même l'armée américaine.

Avec ses livres, son coaching audio et ses interventions, il a influencé directement la vie de plus de 50 millions de personnes dans 100 pays.

Philanthrope, il a créé sa propre fondation, Anthony Robbins Foundation, venant en aide aux sans-abri, aux jeunes de quartiers en difficulté et aux personnes âgées ; il nourrit 4 millions de personnes par an dans 56 pays ; il a également initié des programmes dans plus de 1500 écoles et 700 prisons ; il fournit de l'eau à 100 000 personnes par jour en Inde ; il a personnellement procuré 59 millions de repas à des personnes aux États-Unis et recueilli des fonds pour nourrir 100 millions de personnes en 2015.

Honoré par la Chambre internationale de commerce comme étant l'une des 10 « personnes les plus remarquables au monde ».

Ruiz, Don Miguel

Chirurgien mexicain et *nagual*, qui partage les connaissances des anciens sages toltèques.

Il est élevé par un père chaman et une mère guérisseuse.

A suivi des études de médecine et de chirurgie.

Suite à un accident de voiture, une NDE (Near Death Experience) change sa vie en 1970 et il décide de se consacrer à la maîtrise de la sagesse amérindienne.

En 2002, victime d'une crise cardiaque qui manque de le tuer, il passe neuf semaines dans le coma. Les médecins lui donnent alors un an à vivre. Mais il donne tort à ce diagnostic et, huit ans plus tard, il bénéficie d'une transplantation cardiaque.

Son livre *Les Quatre Accords toltèques* est un best-seller mondial, écoulé à plus de quatre millions d'exemplaires.

Rumi, Jalâl Ud Dîn

Écrivain et théologien persan.

Fondateur de la confrérie soufie.

Il est considéré comme l'un des plus grands poètes mystiques de la langue persane et l'un des plus grands savants dans le domaine de la littérature spirituelle universelle.

Il reste un grand penseur de la civilisation islamique.

Il a enseigné en persan, en arabe, en grec et en turc les valeurs de tolérance et de paix.

À l'occasion du huit centième anniversaire de sa naissance, l'UNESCO a accueilli des manifestations culturelles.

Fondateur de l'ordre des derviches tourneurs.

Son père, grand théologien, le surnomme dès son enfance *Mawlânâ*, « notre maître ».

Fuyant la menace mongole en 1219, la famille part pour un long exil qui commence par un pèlerinage à La Mecque.

Émerveillé par la précocité de ses dons, le poète Farad ad-Dîn Attâr lui offre son *Livre des secrets*.

Saint-Exupéry, Antoine De

Écrivain et aviateur français.

Grand reporter pour *Paris Soir* et *L'Intransigeant*.

Auteur du conte *Le Petit Prince*, ouvrage le plus traduit dans le monde et le troisième livre le plus vendu dans le monde.

À 12 ans, il fait son baptême de l'air : un épisode qui déclenchera sa vocation de pilote.

À 25 ans, il publie *L'Aviateur* et devient pilote de ligne un an plus tard.

Il participe à l'aventure de l'Aéropostale en Patagonie.

Il frôle la mort lors d'un raid aérien reliant New York à la Terre de Feu. Pendant sa convalescence, il écrit *Terre des hommes*, qui reçoit le grand prix du roman de l'Académie française.

Engagé auprès des forces alliées durant la Seconde Guerre mondiale, il réalise de nombreuses missions héroïques.

Sharma, Robin S.

Auteur et conférencier canadien.

Ancien avocat devenu auteur de best-sellers.

Traduit dans 25 pays, il compte parmi les auteurs les plus lus dans le monde.

Travaillant avec de grandes entreprises, il est l'un des conseillers les plus recherchés à travers la planète dans le domaine du leadership.

Selon ses principes, chacun a le pouvoir de faire preuve de leadership, peu importe le niveau atteint dans sa carrière professionnelle.

Stengel, Richard

Auteur et homme politique américain.

A suivi de brillantes études à Princeton et Oxford.

A été journaliste, directeur de la publication du magazine *Time* et secrétaire d'État adjoint chargé de la diplomatie publique et des affaires publiques sous Barack Obama.

Sa nomination à la tête de *Time* marque un tournant éditorial pour le magazine : il publie des articles de fond, notamment sur les guerres, les élections présidentielles ou le réchauffement climatique.

Est à l'origine du classement des personnalités de l'année par le magazine *Time*.

Biographe et ami intime de Nelson Mandela. Ce dernier lui a présenté celle qui est devenue son épouse et il est également le parrain de leur fils aîné.

A reçu en 2010 le titre de « citoyen de l'année » lors de la Conférence nationale annuelle sur la citoyenneté.

Bill Clinton et Deepak Chopra ont fait l'éloge de son livre *Les Chemins de Nelson Mandela – 15 Leçons de vie, d'amour et de courage.*

Le *Financial Times* a déclaré que sa collaboration avec Nelson Mandela sur son autobiographie, *Un long chemin vers la liberté*, a donné lieu à l'une des plus grandes autobiographies du XXe s.

Stone W. Clement

Chef d'entreprise millionnaire qui a suivi les principes de Napoleon Hill. Son père meurt lorsqu'il n'a que trois ans, laissant la famille appauvrie par des pertes de jeu.

Dès son jeune âge, il montre son esprit d'entreprise, sa ténacité et son optimisme qui le caractériseront tout au long de sa vie. À 6 ans, pour aider sa famille, il commence à vendre des journaux dans la rue ; à 13 ans, il possède son propre kiosque.

Il abandonne l'école pour se lancer dans l'assurance et investit seulement 100 dollars pour lancer son entreprise.

Il développe le concept d'attitude mentale positive qu'il considère comme la pierre angulaire de son succès.

Il croit au pouvoir de l'optimisme.

Swarup, Vikas

Diplomate et écrivain indien.

Issu d'une famille d'avocats, il étudie l'histoire, la psychologie et la philosophie.

A remporté des compétitions nationales en tant que débatteur.

Motivé par son intérêt pour les relations internationales et son désir d'explorer différentes cultures, a rejoint le ministère indien des Affaires étrangères dès 1986. Il occupe des postes dans plusieurs pays comme la Turquie, les États-Unis, l'Éthiopie, le Royaume-Uni, l'Afrique du Sud, le Japon et bien sûr l'Inde.

Prix Grand Public du Salon du livre de Paris 2007, son premier roman, écrit en deux mois, *Les Fabuleuses Aventures d'un Indien malchanceux qui devient millionnaire*, est devenu un best-seller traduit dans 43 langues avant d'être adapté au cinéma sous le titre *Slumdog Millionaire*. Réalisé par Danny Boyle, le film a raflé plus de 70 prix, dont 8 Oscars comprenant celui du meilleur film.

Teresa (Mère)

Religieuse catholique albanaise, de nationalité indienne.

Issue d'une famille albanaise catholique, elle n'a que huit ans quand son père meurt.

À 18 ans, elle décide d'entrer dans les ordres et est envoyée en Inde pour recevoir sa formation religieuse.

Pendant près de 20 ans, elle enseigne la géographie à des jeunes filles issues de familles aisées, mais à 36 ans, profondément touchée par la misère dans les bidonvilles de Calcutta, elle fonde sa propre congrégation : les Missionnaires de la charité.

Icône mondiale de la charité, appelée parfois la « sainte des bidonvilles », elle consacre sa vie aux orphelins, aux lépreux et aux pauvres.

Admirée par les chefs d'État du monde entier, à 69 ans, elle reçoit le prix Nobel de la paix.

Elle est canonisée le 4 septembre 2016 au Vatican par le pape François.

Tolle, Eckhart

Auteur, conférencier, conseiller et enseignant spirituel canadien d'origine allemande, il anime des séminaires et des retraites dans le monde entier.

Après des études universitaires à Londres, il devient chercheur à l'Université de Cambridge.

À 29 ans, après avoir souffert de longues périodes de dépression, il dit avoir connu un réveil spirituel qui changera profondément le cours de son existence. C'est le début d'un long voyage intérieur, à la découverte de lui-même.

Son livre *Le Pouvoir du moment présent* est un best-seller international, traduit en 33 langues. Il est l'un des livres préférés notamment d'Oprah Winfrey. Meg Ryan, Ben Stiller ou encore Jim Carrey comptent parmi ses admirateurs célèbres.

Environ 35 millions de personnes ont participé à une série de séminaires sur Internet animés pas Eckhart Tolle et Oprah Winfrey.

Il est apparu avec le dalaï-lama et d'autres intervenants au Sommet pour la paix de Vancouver.

Il est considéré par le *New York Times* en 2008 comme l'auteur spirituel le plus populaire des États-Unis.

Vian, Boris

Écrivain, poète, parolier et musicien de jazz français.

Élève doué, il écrit et lit dès l'âge de cinq ans.

Atteint d'une fragilité cardiaque depuis son adolescence, il mène des études brillantes en dépit de sa santé fragile.

Victime de la fièvre typhoïde, il décroche à 15 ans son baccalauréat latin-grec avec dispense.

Ingénieur de formation, découvrant très tôt le jazz, il devient trompettiste dans les clubs de Saint-Germain-des-Prés.

Il publie ses premiers textes dans *Les Temps modernes*, revue fondée par Jean-Paul Sartre et Simone de Beauvoir.

Sous le pseudonyme de Vernon Sullivan, il écrit des romans noirs et sarcastiques, le plus célèbre étant *J'irai cracher sur vos tombes*, qui provoque un scandale à sa parution.

Les livres publiés sous son vrai nom ont moins de succès. Il abandonne la littérature après l'échec de son livre *L'Arrache-cœur.*

Il compose de nombreuses chansons, notamment pour Serge Reggiani et Juliette Gréco.

Il décède d'une crise cardiaque à trente-neuf ans pendant la projection de la première du film inspiré de son roman *J'irai cracher sur vos tombes* au cinéma Marbeuf, à Paris.

Walsch, Neale Donald

Écrivain américain et messager spirituel.

Ancien présentateur de radio, il a retranscrit ses *Conversations avec Dieu* survenues à la suite d'un accident de voiture qui provoque une crise profonde dans sa vie tant au niveau de sa santé que sur les plans privé et professionnel.

La série *Conversations avec Dieu*, vendue à des millions d'exemplaires à travers le monde, a été traduite dans 37 langues et a figuré dans la liste des best-sellers du *New York Times* : l'ensemble de la série a occupé ce classement pendant deux ans et demi.

Winfrey, Oprah

Présentatrice, productrice de télévision, actrice et éditrice de magazines américaine.

Pendant 25 ans, de 1986 à 2011, elle anime son talk-show *The Oprah Winfrey Show*, diffusé dans 112 pays, qui est le programme le plus vu dans toute l'histoire de la télévision.

En 2007, le magazine *Forbes* la désigne pour la première fois comme la personnalité la plus influente du monde.

Elle est la personnalité afro-américaine la plus riche du XXe s.

Elle a été nommée aux Oscars dans la catégorie « meilleure actrice dans un second rôle » pour son interprétation dans *La Couleur pourpre*, de Steven Spielberg.

Zeland, Vadim

Physicien et auteur russe.

Avant la chute de l'Union soviétique, il est chercheur en physique quantique, puis s'engage dans la technologie informatique.

Sa vie change radicalement lorsqu'il réalise à quel point il l'a gâchée.

Il met au point une technique de développement personnel appelée Transurfing, fondée sur les lois de la physique quantique, selon laquelle nous pouvons obtenir ce que nous voulons et créer nous-même la réalité que nous souhaitons.

Cette méthode de Transurfing lui est apparue au cours d'un rêve ordinaire.

Sa série de livres, devenus des best-sellers, transforme la vie de millions de personnes dans le monde.

Remerciements

Je ne peux terminer ce livre sans remercier tous ceux qui m'ont permis de venir à bout de ce long périple

Un IMMENSE MERCI à :
Ma Raphaëlle Giordano. Je suis si heureuse que tu sois entrée dans ma vie. Tu es un vrai rayon de soleil et une coach-née. Tes paroles me rassurent et me donnent foi en l'avenir.
Toi, Anne Kérisel, qui a su me réinsuffler l'énergie nécessaire pour aller jusqu'au bout de ce livre en acceptant d'être ma correctrice aux doigts de fée. Nos discussions, nos prises d'opposition parfois, nos confidences respectives ont considérablement enrichi mes réflexions et participé à ouvrir encore mon esprit.
Toi, Mathilde Eveno-Docquin. Je te suis éternellement reconnaissante de m'avoir appris à faire de la vie une fête. Tu m'as aidée à faire germer en moi la graine de bonheur que nous avons plantée ensemble lorsque nous avions quatre ans à la maternelle. Aujourd'hui, je dois poursuivre la route seule. C'est dur sans toi. Mais tu as laissé une magnifique famille et je sais que tu contemples tout de là-haut et que tu souris. Un grand merci également à ton père Bertrand Eveno, qui a cru en ce livre et m'a aiguillée sur la bonne route.
Toi, Valérie Vlacci, mon amie invincible, qui m'a aidée dans toutes ces recherches nécessaires pour les biographies de ce livre. Je sens ta présence bienveillante dans ma vie depuis toutes ces années. Merci d'avoir toujours cru en moi, ça me donne des ailes.
Vous, Anne Ducrocq, envoyée à moi par Mathilde, par la vie. Vos paroles et vos conseils me sont allés directement au cœur. Quelle joie indescriptible de rencontrer des anges sur cette terre !
Toi, ma Cynthia Sardou, messager du bonheur qui sait regarder la vie côté soleil en dépit des épreuves traversées. Merci pour ce si bel exemple ! Merci également à vous, Frédéric Thibaud, mon éditeur, et Pierre Pernez, pour cette confiance que vous m'avez accordée spontanément.

Toi, Axelle Barrau, qui m'accompagne sans faille depuis les bancs de classe jusqu'à cette aventure hors du commun pour repeindre le ciel en bleu. Merci pour tes relectures attentives.
Toi, Isabelle Paolini, qui connaît si bien mon chemin pour avoir vécu tant de passages similaires. Merci pour tes corrections dotées d'un grand bon sens et ton énergie communicative.
Toi, mon Felix Sabal-Lecco, mon ami, qui me fait rire, rêver, voyager. Merci pour toute l'énergie positive que tu me transmets, et merci pour tes proverbes africains en toutes situations, même les plus délicates !
Toi, Rosalyn Gaon, qui a traversé ma vie en des moments difficiles et qui a su par ta gentillesse et ton ouverture au monde me faire rêver et m'emporter dans ton univers positif et sécurisant. Le papillon enveloppe les autres de ses ailes rassurantes. Merci mon papillon.
Vous, ma famille, merci pour votre amour et votre soutien.
Mes amours de fils, Ange et Romeo, vous faites de ma vie une succession de folies, de douceurs, de tendresse, de feux d'artifice. Merci pour vos rires toujours dans mon oreille, votre insouciance, votre amour inconditionnel. Avec vous, c'est sans répit la dolce vita sur un grand 8. Je vous aime follement.
Mes parents, frères et belles-sœurs, Marc, Nycole, Stéphane, Franck, Marie, Élisa, merci parce que, grâce à vous, je sais ce que c'est que d'être aimée et entourée.
Toi, Stéphane, qui a su me recadrer lorsque je m'envolais trop loin dans mes rêves. Merci d'avoir accepté toutes mes folies et mes multiples atterrissages musclés.
Vous, mes neveux, nièce, belle-fille, beau-fils, Billie, Alexandre, Jules, Lola, Valentin, merci d'avoir pris par la main l'enfant enfoui au fond de moi et de rendre ma vie aussi magique. Je vous aime tendrement.
Vous, tous mes ami(e)s, je sais que vous vous reconnaîtrez. La liste est longue, mais elle existe en détail tout au fond de mon cœur, soyez-en certains… Un merci éternel pour vos conseils, votre présence rassurante, positive et joyeuse dans les bons comme les mauvais moments. Merci de m'avoir inspirée, fascinée, portée. J'ai trouvé mon refuge, ma tribu. *I believe in your power !*
Je tiens également à vous remercier, mes amis Romane Serda et Renaud. Vous donnez à ma vie les mêmes couleurs que les ballons des souffleurs de verre de Murano : de nouvelles cordes précieuses à mon arc-en-ciel.
Merci mon Christophe Fostokjian, avec Nicolas. Vous m'avez fait découvrir avec tant de gentillesse, de fantaisie et de générosité votre petit paradis de Saint-Barth.

Rodolphe Lombard, merci, tu es un véritable modèle de douceur, de bonté et de tolérance pour moi, avec toujours le mot juste pour mettre en valeur l'autre. J'apprends tellement à tes côtés et à ceux de Fernando.

Merci Luana Belmondo, avec ta famille magnifique, merci à vous tous de croire en moi et de partager nos petites bulles de bonheur ensemble. Notre complicité d'âme est une joie sans cesse renouvelée pour moi.

Un grand merci à toi, Isabelle Weill, d'être arrivée comme une fleur dans ma vie. Tu contribues à lui donner encore plus un parfum de douceur, d'apaisement et d'authenticité.

Merci à mes anges Oprah Winfrey, Julia Roberts, Gwyneth Paltrow, Drew Barrymore et Michelle Obama pour toutes les ondes positives que vous m'avez envoyées.

Vous mes amis, Véronique de Villèle, Sylvie Désormière, Jérôme Oliveira, Christophe Ruelle. Un grand merci : vous me montrez un volet si doux et si beau de la vie qu'il me donne envie de vous imiter.

Toi, Ana, qui me permet de vérifier ma théorie selon laquelle les êtres qui se ressemblent se rencontrent quoi qu'il arrive, même par-delà les océans. Tu es lumineuse, malgré les coups durs de la vie. Merci de m'emporter dans ta lumière.

Vous, Françoise, qui m'avez permis de me reconnecter avec moi-même et de délier tous les fils emmêlés dans ma tête. Merci…

Je veux également exprimer toute ma gratitude à Dominique Glocheux, qui par ses textos bienveillants a su m'insuffler encore plus l'envie d'arriver au bout de ce livre.

Merci à tous mes ambassadeurs de l'Optimisme et à ma communauté Christelle Crosnier Connection. Ensemble, nous ferons bouger les lignes. Le monde est à nous !

Bibliographie

Ce dont je suis certaine, Oprah Winfrey (Éditions Trésor caché).

Le Pouvoir du moment présent, Eckhart Tolle (Éditions Ariane).

D'une porte l'autre, Charles Aznavour (Éditions Points).

Par-delà le secret, Brenda Barnaby (Guy Trédaniel Éditeur).

Réussir... et après, Richard Branson (Éditions de La Martinière).

Le Secret, Rhonda Byrne (Guy Trédaniel Éditeur).

Le Pouvoir, Rhonda Byrne (Guy Trédaniel Éditeur).

La Magie, Rhonda Byrne (Guy Trédaniel Éditeur).

Héros, Rhonda Byrne (Guy Trédaniel Éditeur).

Wake up !, Christine Lewicki (Éditions Eyrolles).

Bouillon de poulet pour l'âme de la femme, Jack Canfield, Mark Victor Hansen, Jennifer Read Hawthorne et Marci Shimoff (Éditions J'ai lu).

Bouillon de poulet pour l'âme, Jack Canfield et Mark Victor Hansen (Éditions J'ai lu).

Bouillon de poulet pour l'âme d'une mère, Jack Canfield, Mark Victor Hansen, Jennifer Read Hawthorne et Marci Shimoff (Éditions J'ai lu).

Le Livre d'Annaëlle, suivi de *Le Livre inachevé*, Annaëlle Chimoni (Éditions Terra Nostra).

Même le silence a une fin, Íngrid Betancourt (Éditions Gallimard).

À l'écoute de votre sixième sens, Sonia Choquette (Éditions J'ai lu, collection Aventure secrète).

Les Lumières de l'invisible, Patricia Darré (Éditions Michel Lafon).

Un souffle vers l'éternité, Patricia Darré (Éditions J'ai lu).

Tout est en vous. Paroles d'Amma, Mata Amritanandamayi, dite Amma et Anne Ducrocq (Éditeur Points, collection Points Vivre).

Les Quatre Accords toltèques, Don Miguel Ruiz (Éditions Poches Jouvence).
Les Sept Lois spirituelles du succès, docteur Deepak Chopra (Éditions J'ai lu, collection Aventure secrète).
Les Clés spirituelles de la richesse, docteur Deepak Chopra (Éditions J'ai lu, collection Aventure secrète).
La Voie du magicien, docteur Deepak Chopra (Éditions J'ai lu, collection Aventure secrète).
Comment je vois le monde, Albert Einstein (Éditions Flammarion).
Éthique à Nicomaque, Aristote.
Miracle Morning, Hal Elrod (Hal Elrod)
Le Chevalier à l'armure rouillée, Robert Fisher (Ambre Éditions).
Je vais mieux, David Foenkinos (Éditions Gallimard).
Charlotte, David Foenkinos (Éditions Gallimard).
La Voie de la non-violence, Gandhi (Éditions Folio).
Une année avec Gandhi – Une pensée par jour de Gandhi pour mieux vivre (Éditions Presses, la Renaissance).
Jade et les sacrés mystères de la vie, François Garagnon (Éditions Monte-Cristo).
La Vie selon Joy, François Garagnon (Éditions Monte-Cristo).
Little Something, François Garagnon (Éditions Monte-Cristo).
La Liberté : pour quoi faire ?, François Garagnon (Éditions Monte-Cristo).
Ta deuxième vie commence quand tu comprends que tu n'en as qu'une, Raphaëlle Giordano (Éditions Eyrolles).
Le Métasecret, Mel Gill (Éditions Le Jour).
Mange, prie, aime, Elizabeth Gilbert (Éditions Le Livre de poche).
Les dieux voyagent toujours incognito, Laurent Gounelle (Éditions Pocket).
L'Homme qui voulait être heureux, Laurent Gounelle (Éditions Pocket).
Le Philosophe qui n'était pas sage, Laurent Gounelle (Éditions Plon).
Le Jour où j'ai appris à vivre, Laurent Gounelle (Éditions Kero).
Les dieux sont vaches, Gwendoline Hamon (Éditions J.-C. Lattès).
Toucher la vie, Tich Nhat Hanh (Éditions J'ai lu, collection Aventure secrète).

Les Enfants de la liberté, Marc Lévy (Éditions Versilio).
L'Argent et la Loi de l'attraction, Esther et Jerry Hicks (Guy Trédaniel Éditeur).
Le Succès par la pensée constructive, Napoleon Hill et W. Clement Stone (Éditions J'ai lu).
Réfléchissez et devenez riche, Napoleon Hill (Éditions J'ai lu).
Ho'oponopono, docteur Luc Bodin et Maria-Elisa Hurtado-Graciet (Éditions Jouvence).
You Are not Alone – Le vrai Michael dans les yeux de son frère, Jermaine Jackson (Éditions Michel Lafon).
Petit Traité de l'abandon, Alexandre Jollien (Éditions du Seuil).
Le Pouvoir des mots – Lettres et Discours, Abraham Lincoln (Éditions L'Archipel).
Amour et lumière, Shirley MacLaine (Éditions J'ai lu).
Conversations avec moi-même, Nelson Mandela (Éditions de La Martinière).
Les Mamelles de Tirésias, Guillaume Apollinaire (Presses universitaires de Rennes, collections Interférences).
Pensées pour moi-même, Marc Aurèle (Éditions GF – Flammarion).
Le Manuel du milliardaire, Dallys-Tom Medali (Smashwords Éditions).
Message en provenance de l'éternité, Marlo Morgan (Éditions J'ai lu).
Message des hommes vrais au monde mutant, Marlo Morgan (Éditions J'ai lu, collection Aventure secrète).
Veronika décide de mourir, Paulo Coelho (Éditions Flammarion).
L'Alchimiste, Paulo Coelho (Éditions Flammarion).
Comment faire des réclamations auprès de l'univers, Bärbel Mohr (Éditions Contre-Dires).
Nouvelles Astuces pour passer commande auprès de l'univers, Bärbel Mohr (Éditions Contre-Dires).
Ces vérités vont changer votre vie, docteur Joseph Murphy (Éditions J'ai lu, collection Aventure secrète).
Quand j'étais invisible, Martin Pistorius (Éditions City – Témoignage).
Les Souffrances du jeune Werther, Johann Wolfgang von Goethe (Éditions Folio classique).
Le Moulin de Pologne, Jean Giono (Éditions Folio).

C'est écrit, Francis Cabrel, entretiens avec Jean Bonnefon (Éditions Le Cherche Midi).

Vers le huitième ciel, Charlotte Valandrey (XO Éditions).

No et moi, Delphine de Vigan (Éditions J.-C. Lattès).

Plaidoyer pour le bonheur, Matthieu Ricard (Éditions Pocket / Évolution).

La Sagesse du moine qui vendit sa Ferrari, Robin S. Sharma (Éditions J'ai lu, collection Aventure secrète).

Le Moine qui vendit sa Ferrari, Robin S. Sharma (Éditions J'ai lu, collection Aventure secrète).

Pouvoir illimité, Anthony Robbins (collection J'ai lu).

Les Onze Lois, la réussite, Anthony Robbins (collection J'ai lu).

Alexis ou le traité du vain combat, Marguerite Yourcenar (Éditions Gallimard).

Ainsi parlait Zarathoustra, Friedrich Nietzsche (Éditions Le Livre de poche).

L'Art d'aller à l'essentiel, Léo Babauta (Éditions Leduc).

Je sais pourquoi chante l'oiseau en cage, Maya Angelou (Éditions Le Livre de poche).

Auguries of Innocence, William Blake (Éditions CreateSpace Independent Publishing Platform).

L'Élégance, Nathalie Rykiel (Éditions Autrement, collection Manifeste).

Le Body Book, Cameron Diaz, en collaboration avec Sandra Bark (Éditions Poche Marabout Santé).

Le Petit Prince, Antoine de Saint-Exupéry (Éditions Gallimard).

Essais, Michel de Montaigne (Éditions Gallimard).

Les Chemins de Nelson Mandela – 15 Leçons de vie, d'amour et de courage, Richard Stengel.

Vivre, à quoi ça sert ?, sœur Emmanuelle avec Philippe Asso (Éditions Flammarion).

Le Paradis, c'est les autres, sœur Emmanuelle, entretiens avec Marlène Tuininga (Éditions J'ai lu).

J'ai 100 ans et je voudrais vous dire, sœur Emmanuelle (Éditions Plon).

Pour quelques milliards et une roupie, Vikas Swarup (Éditions Belfond).

Conversations avec Dieu, Neale Donald Walsch (Éditions J'ai lu, collection Aventure secrète).

Il existe une solution spirituelle à tous vos problèmes, Wayne W. Dyer (Éditions J'ai lu, collection Aventure secrète).

Père riche, père pauvre, Robert T. Kiyosaki (Éditions Un monde différent).

Les Brumes de l'apparence , Frédérique Deghelt (Éditions Acte Sud).

Transurfing 1 – L'Espace des variantes, Vadim Zeland (Éditions Exergue).

Transurfing 2 – Le Bruissement des étoiles le matin, Vadim Zeland (Éditions Exergue).

Transurfing 3 – En avant dans le passé, Vadim Zeland (Éditions Exergue).

Transurfing 4 – Diriger la réalité, Vadim Zeland (Éditions Exergue).

Transurfing 5 – Les Pommes tombent dans le ciel, Vadim Zeland (Éditions Exergue).

Bono par Bono – Conversations avec Michka Assayas, Bono (Éditions Hodder Paperback).

Diagnostic incurable mais revenue guérie à la suite d'une NDE – Mon voyage de guérison des frontières de la mort aux portes de la vie, Anita Moorjani (Guy Trédaniel Éditeur).

Moi, Zlatan Ibrahimović, mon histoire racontée à David Lagercrantz (Éditions J.-C. Lattès).

Le Journal, Anne Frank (Éditions Le Livre de poche).

Journal, Jules Renard (Éditions Acte Sud).

L'Écume des jours, Boris Vian (Éditions 10/18).

La Vie en rose, nouveau mode d'emploi, Dominique Glocheux (Éditions Albin Michel).

Un mental en or, Marielle Jimenez Destefanis (Éditions J.-C. Lattès).

I don't care how long it takes,
I'm going somewhere beautiful

***

Pour suivre l'actualité de Christelle Crosnier
et I am Bridget, rendez-vous sur :
www.christellecrosnier.fr
www.iambridget.com

Facebook : Pages Christelle Crosnier
et I am Bridget
Twitter : @chriscrosnier
Instagram : christellecrosnier

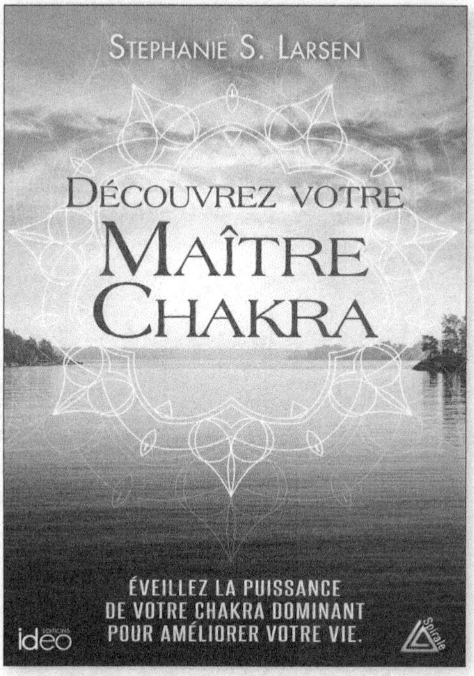

Découvrez votre maître chakra

STEPHANIE S. LARSEN

Véritables centres d'énergie, extrêmement puissants, les chakras forgent notre caractère, influencent nos actions, nos relations avec les autres et notre santé physique. Mais parmi nos sept chakras, il y en a un qui domine : c'est le « maître chakra ». Ce chakra principal créé une vibration particulière à l'intérieur et à l'extérieur de notre être : c'est lui qui définit votre personnalité et vos dons. Ce livre vous aidera à déterminer votre maître chakra et la couleur qui lui correspond. Êtes-vous plutôt bleu, avec une âme d'artiste ? Jaune, comme les idéalistes ? Ou rouge, comme les leaders ? En le découvrant, vous apprendrez à utiliser votre chakra principal pour aimer davantage, vivre en harmonie avec vous-même et les autres, et vous épanouir grâce à une nouvelle puissance spirituelle.

Éveillez la force de votre chakra dominant
pour vivre en harmonie avec le monde.

city-editions.com/IDEO

Achevé d'imprimer en février 2019
sur les presses de la Nouvelle Imprimerie Laballery
58500 Clamecy
Numéro d'impression : 902025

Imprimé en France

La Nouvelle Imprimerie Laballery est titulaire de la marque Imprim'Vert®